This book belongs to:

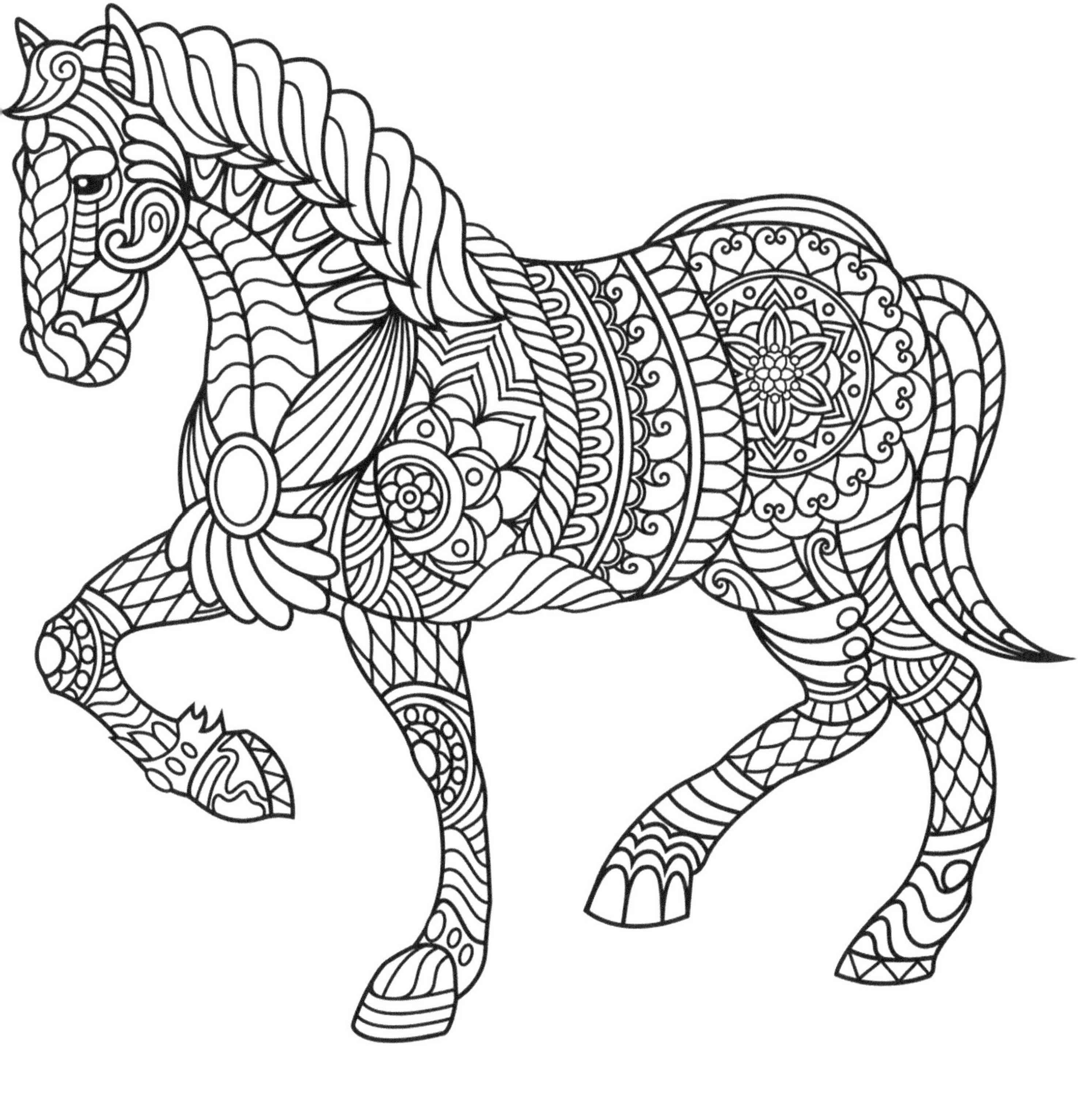

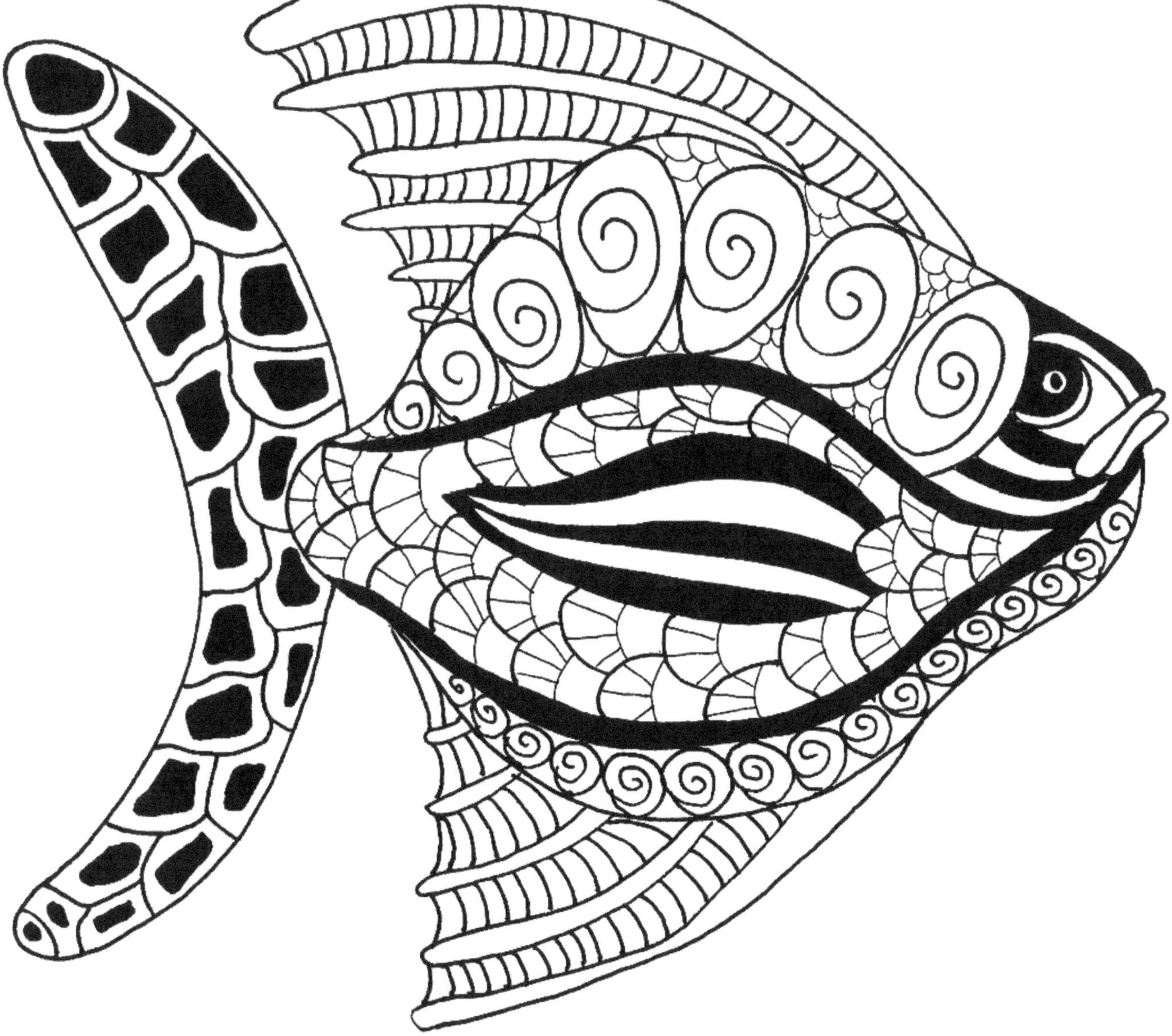

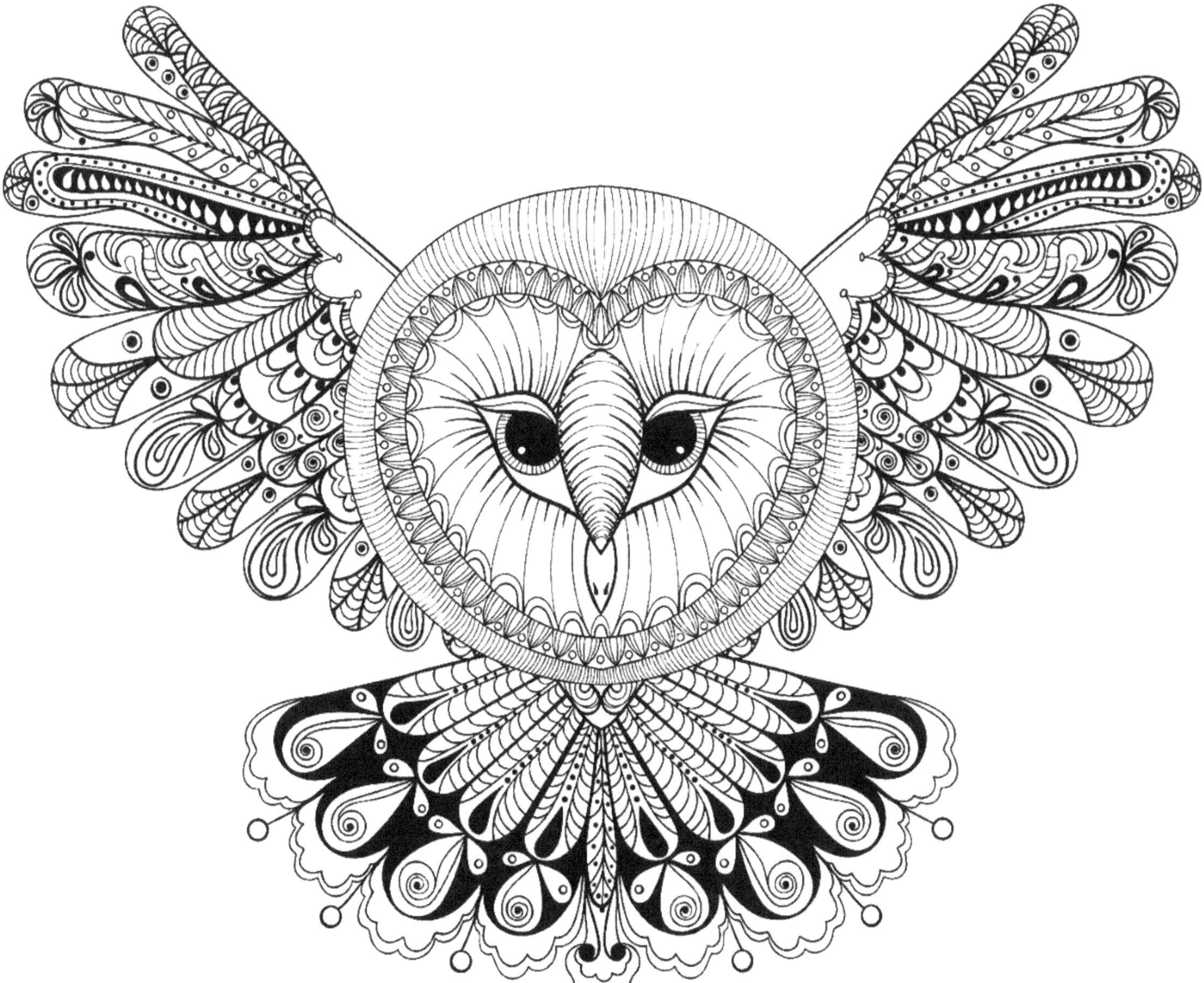

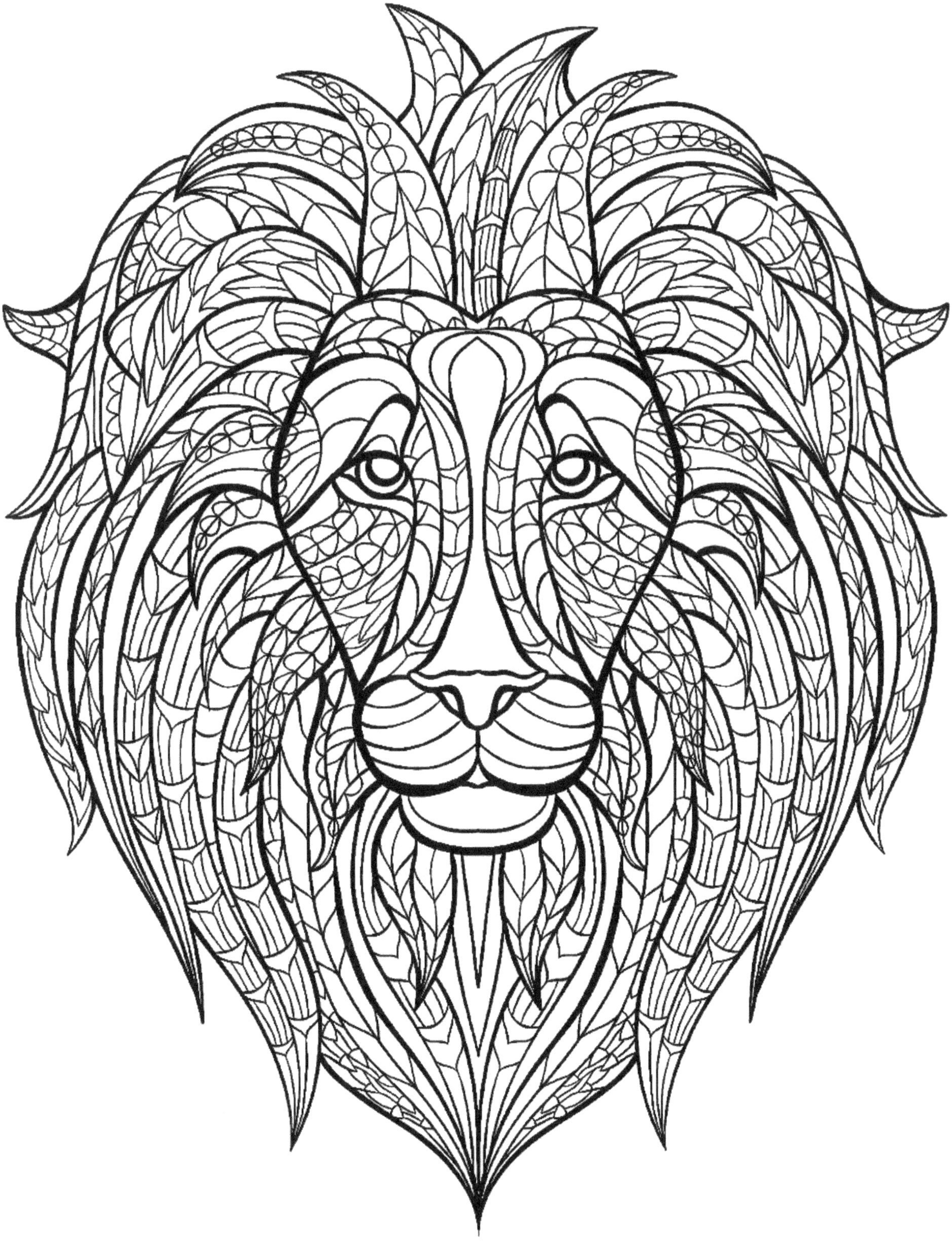

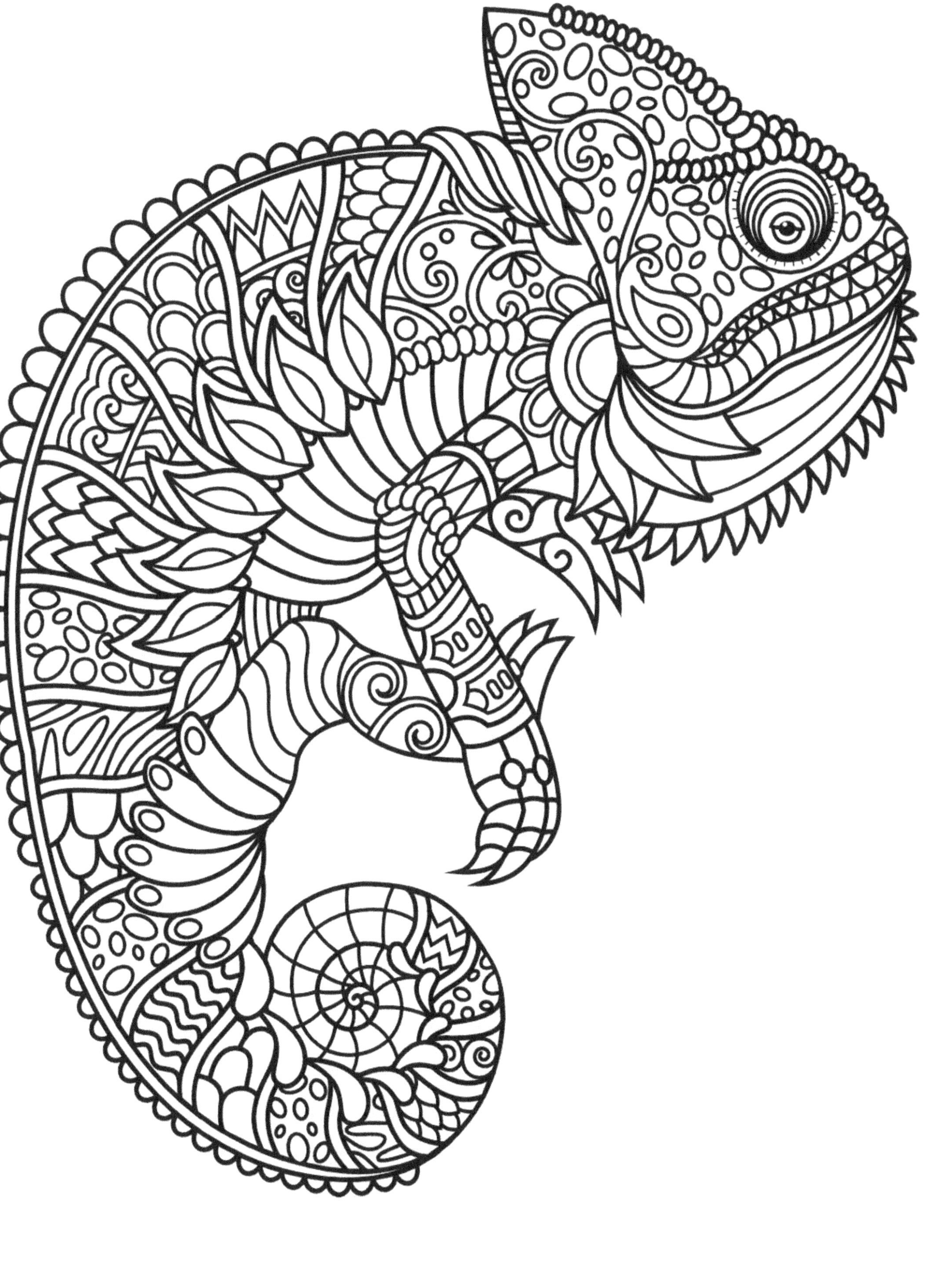

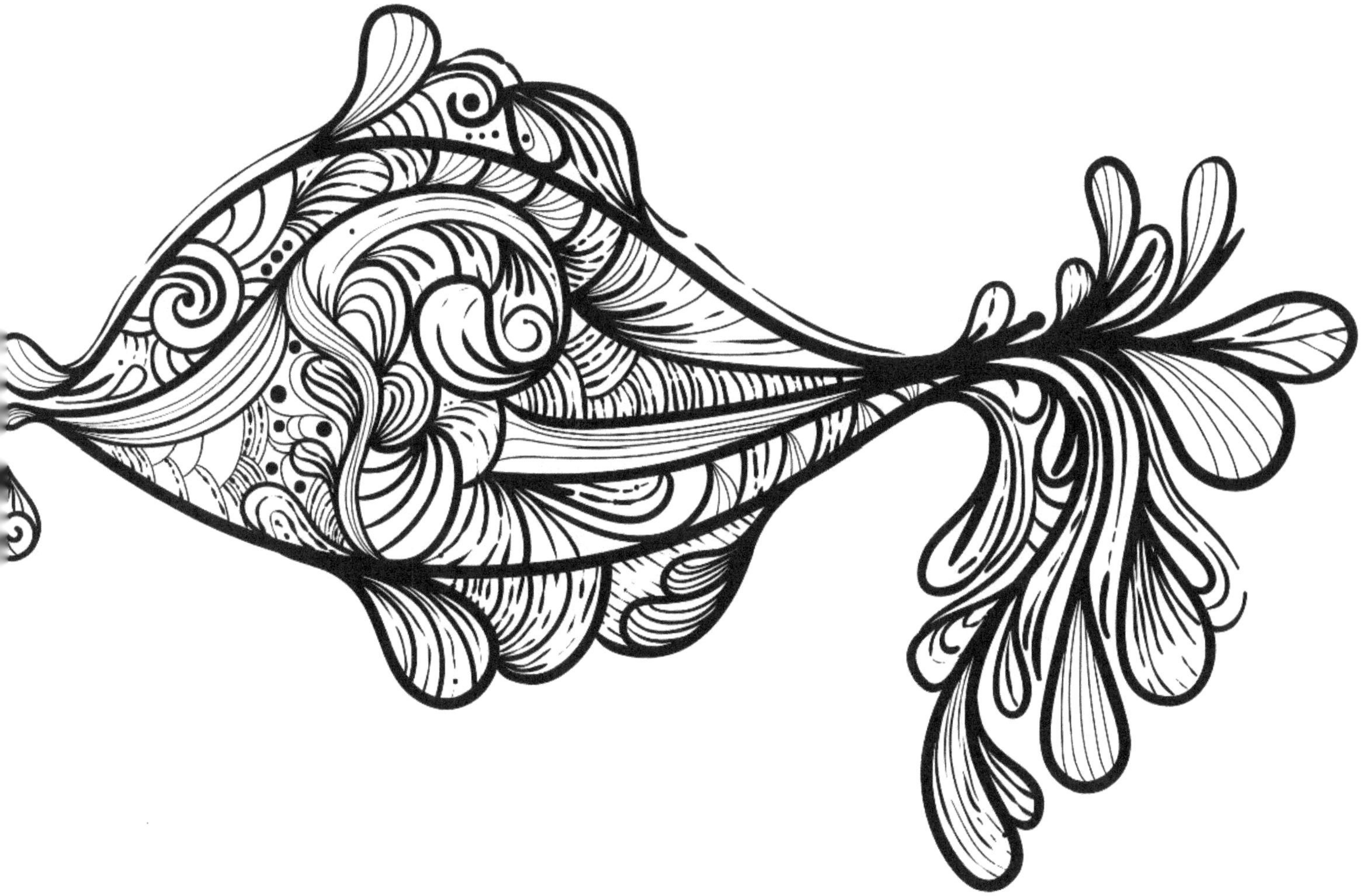

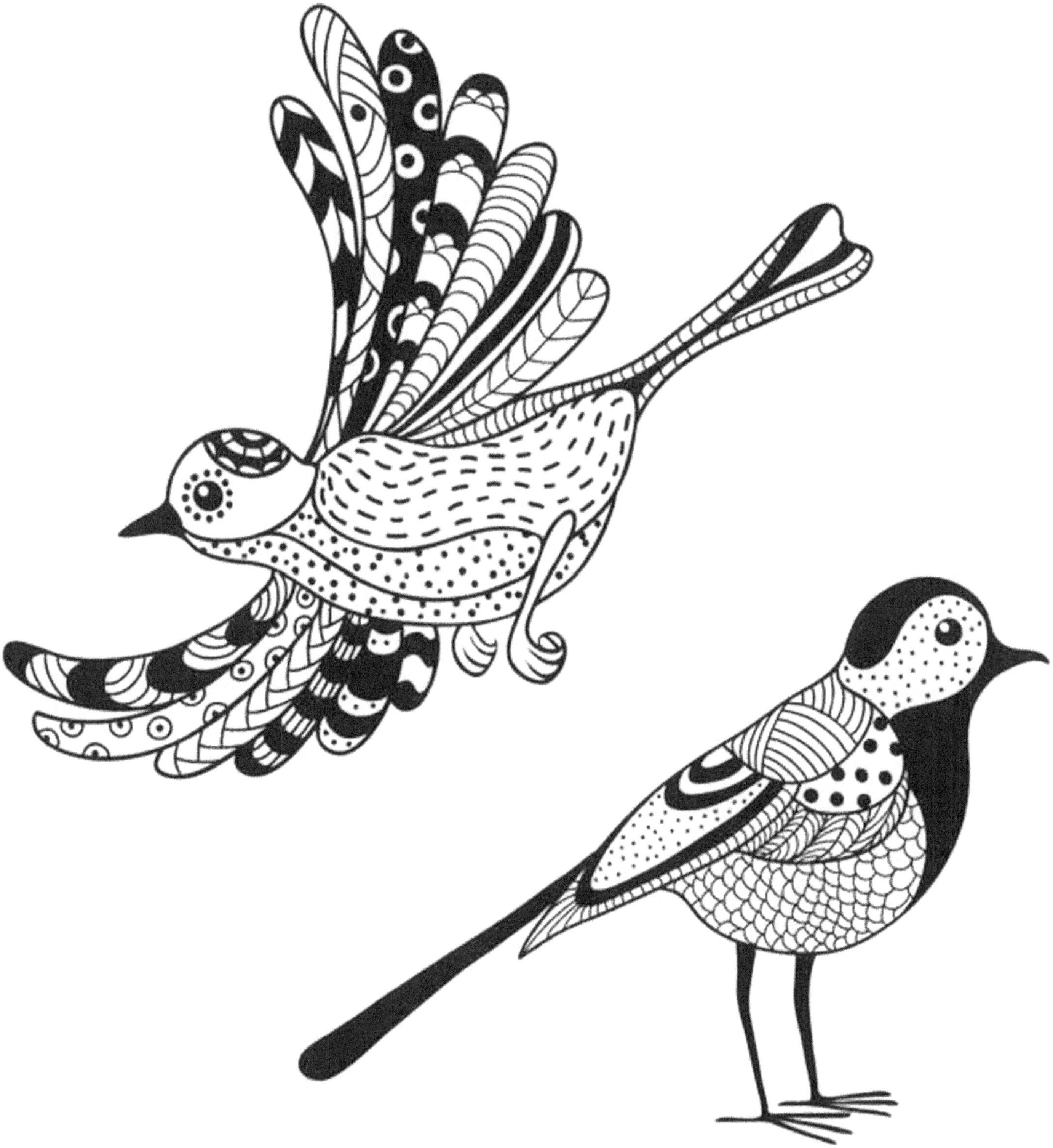

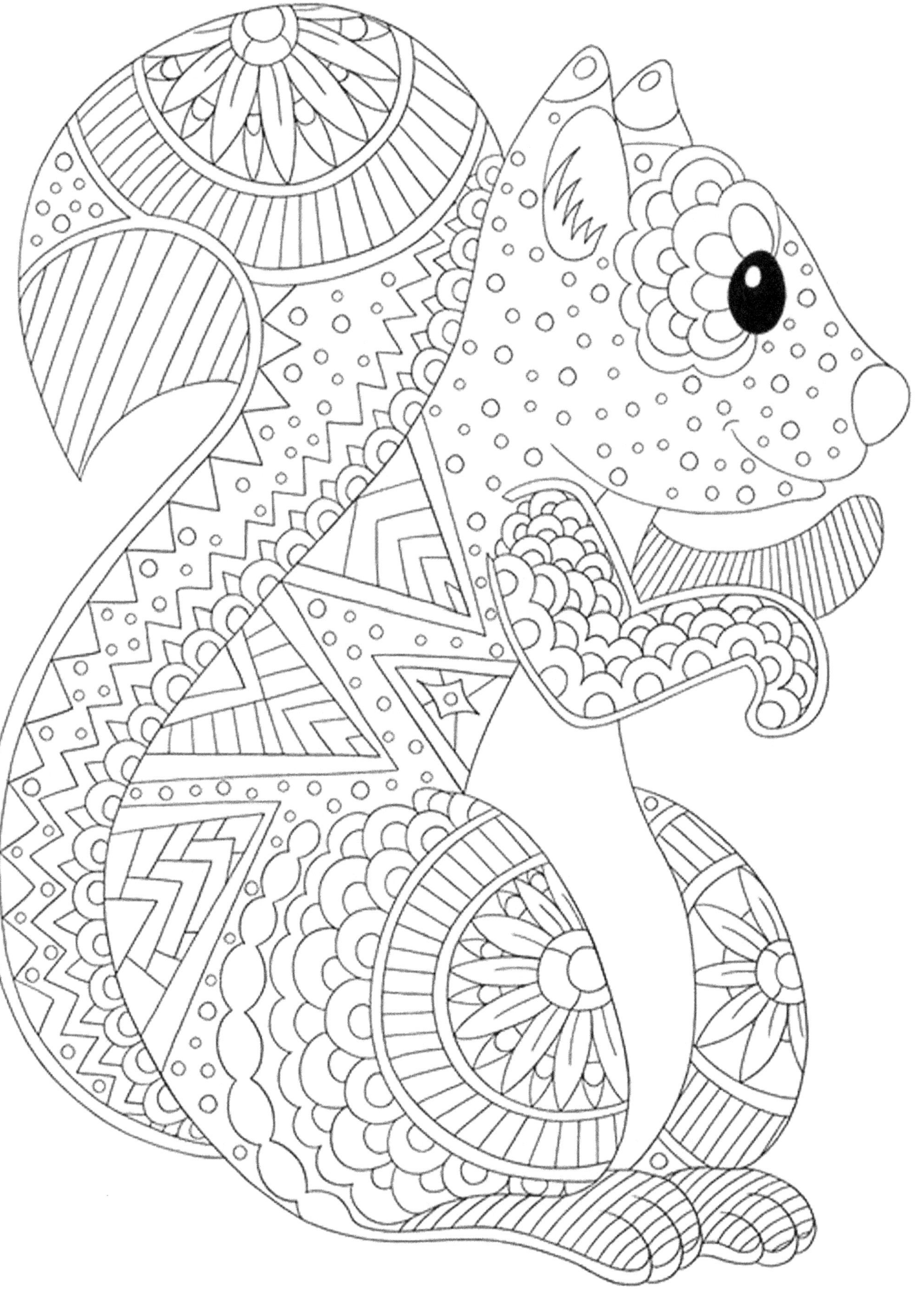

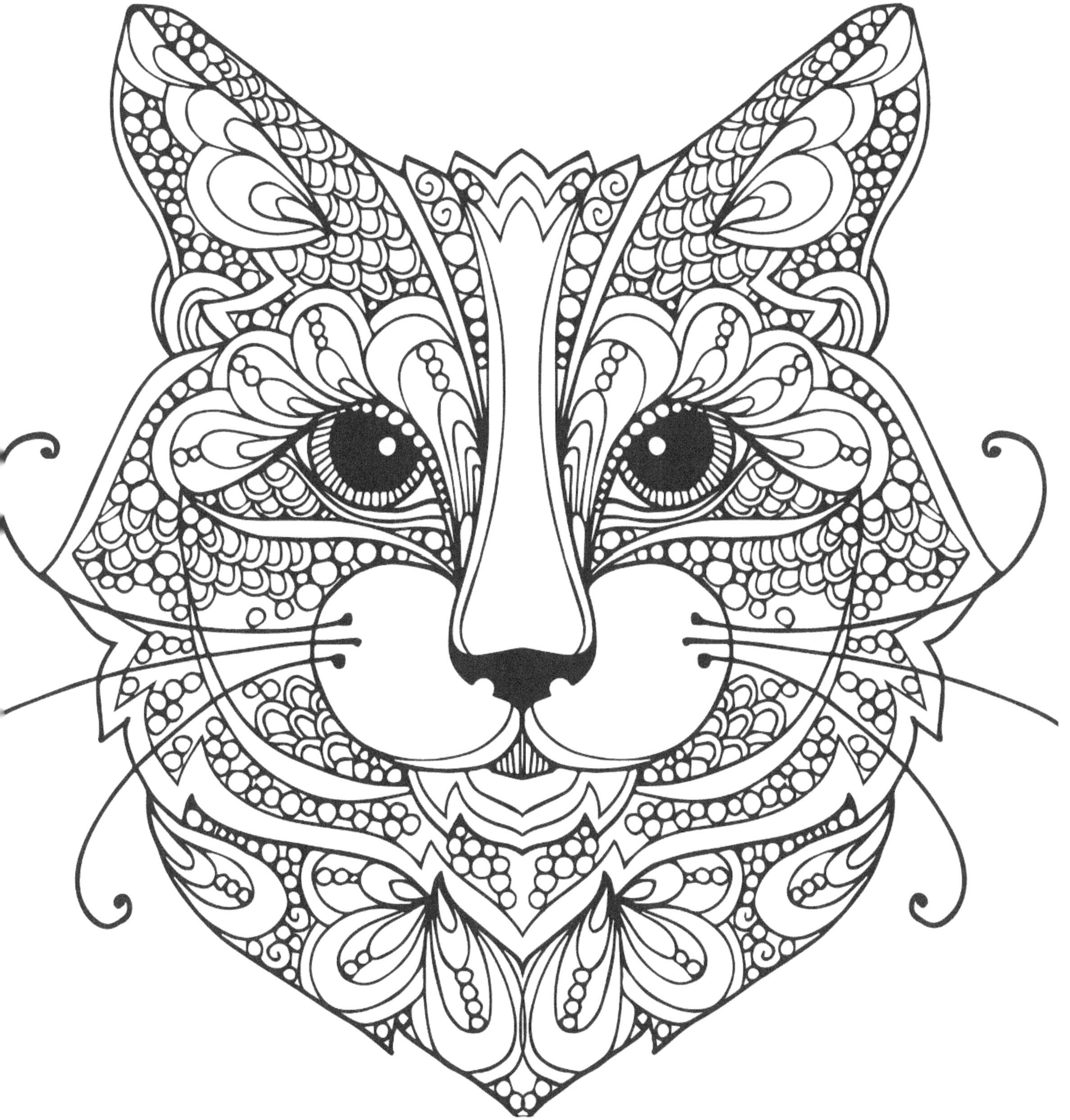

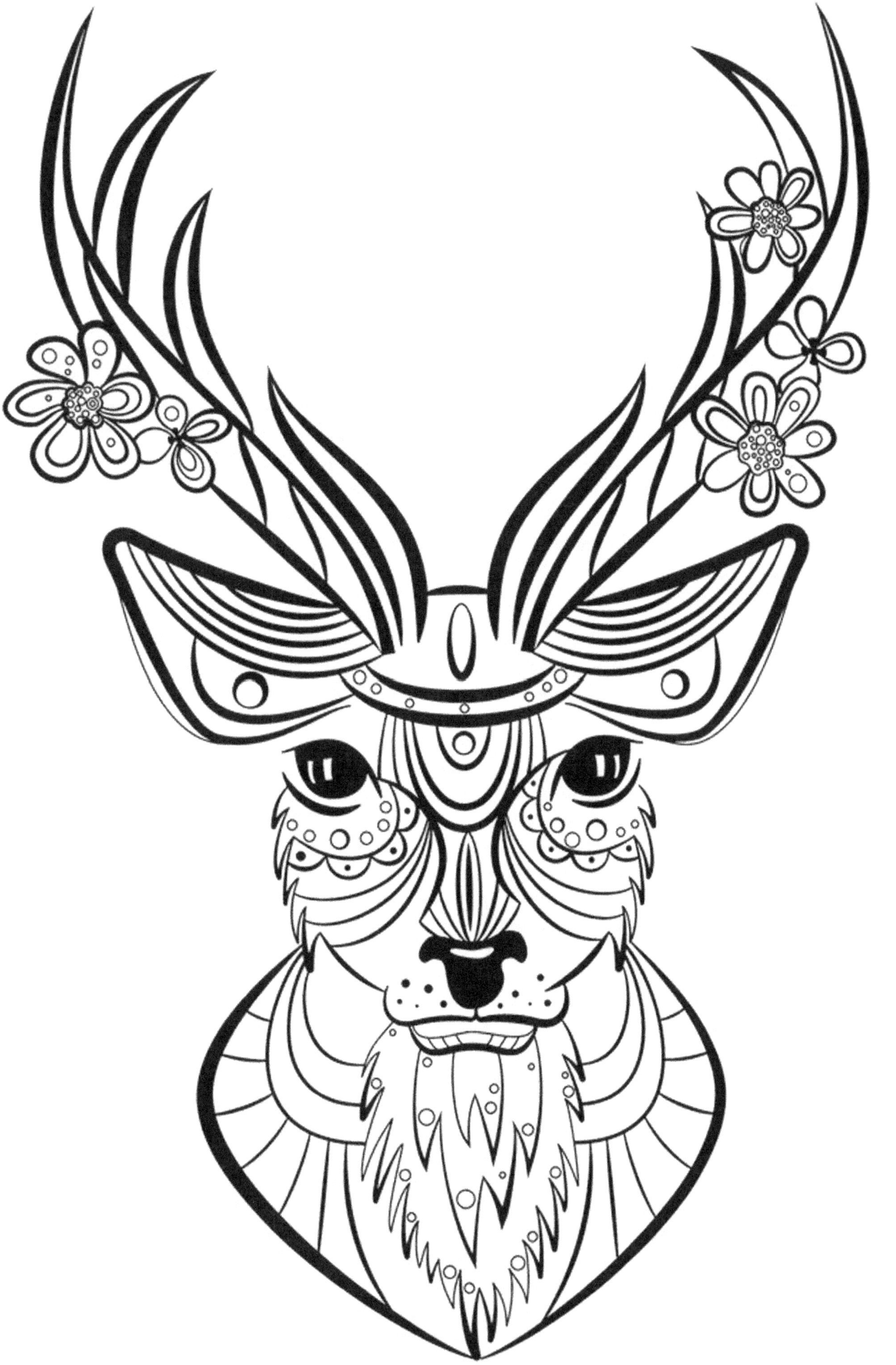

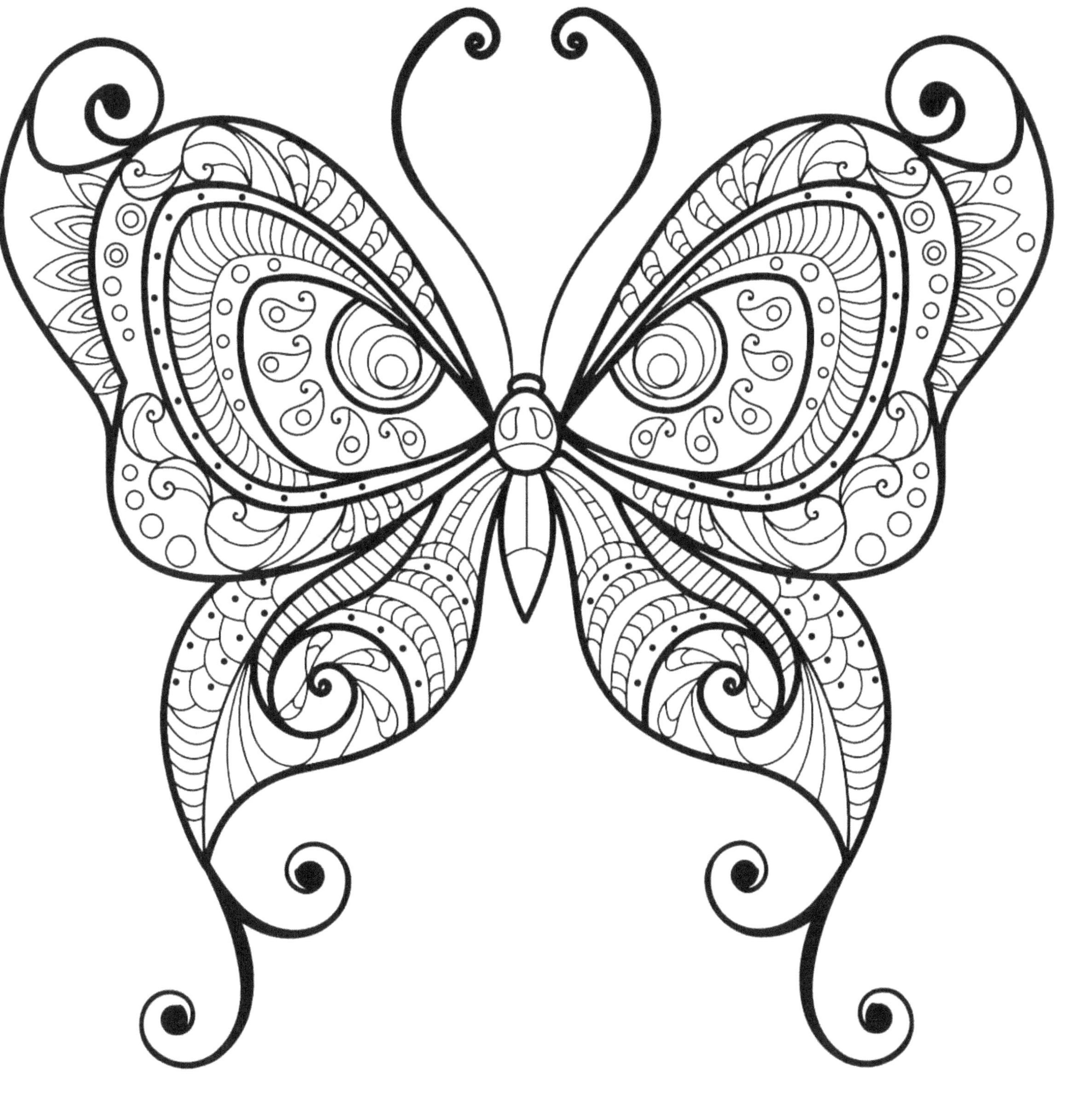

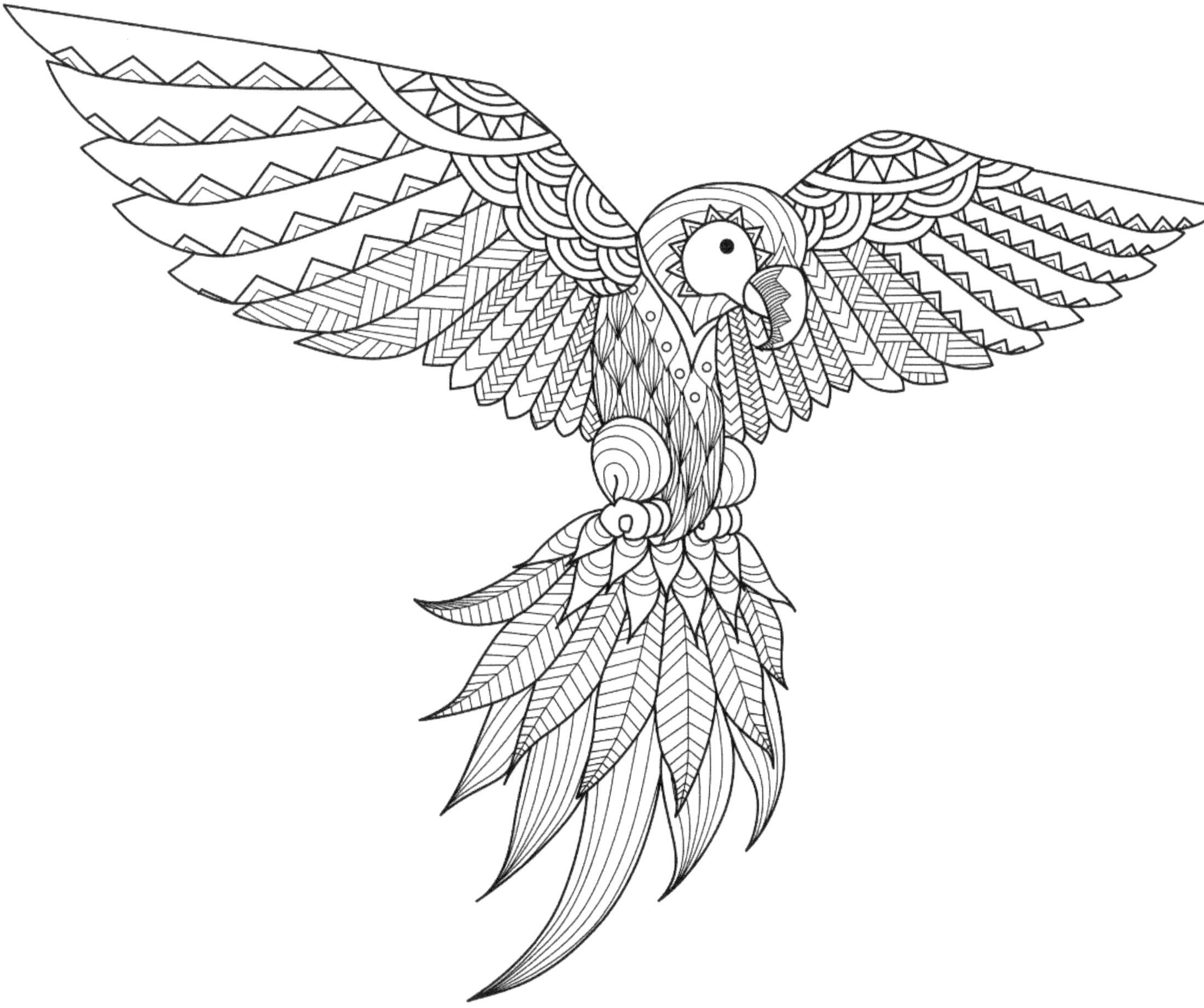

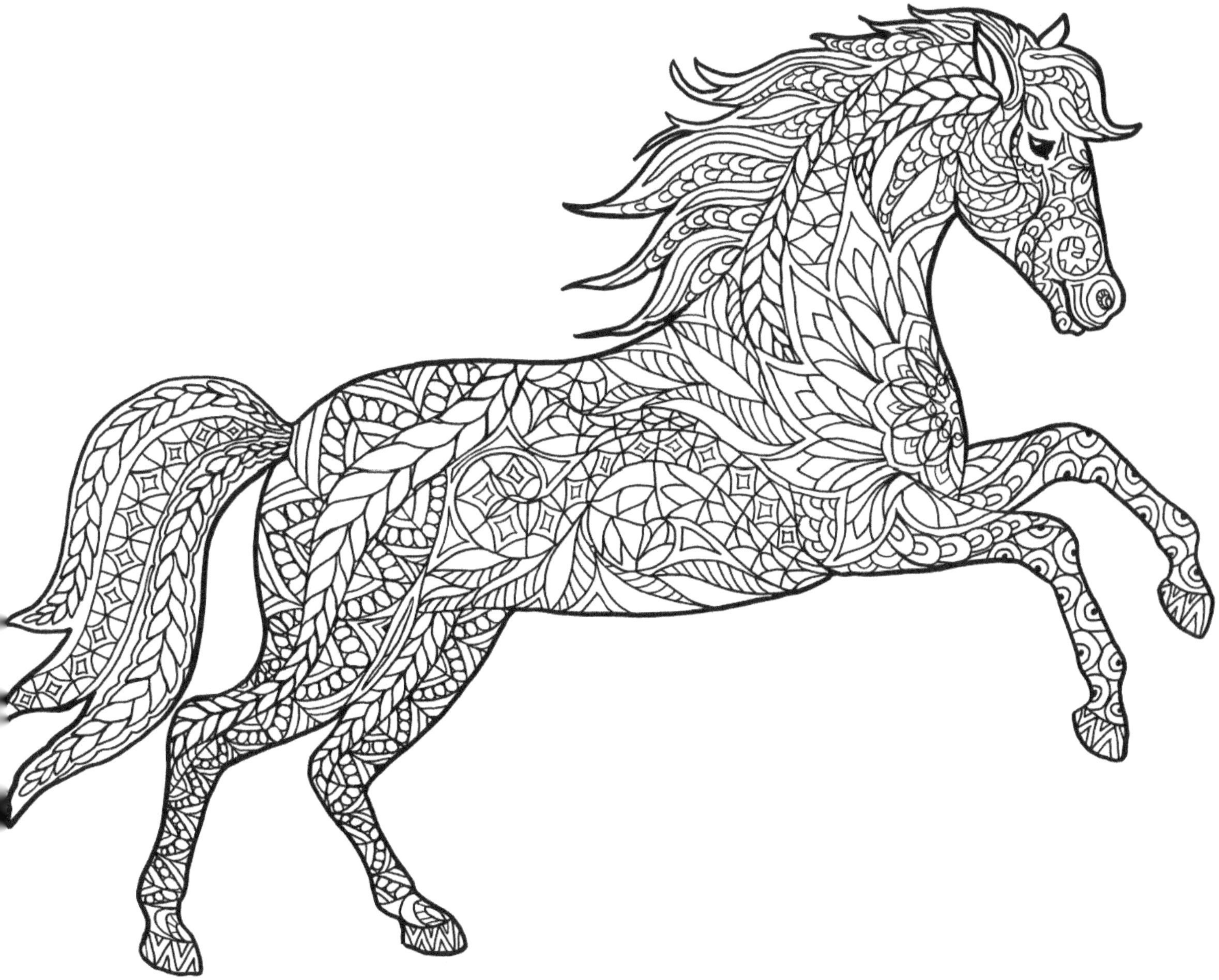

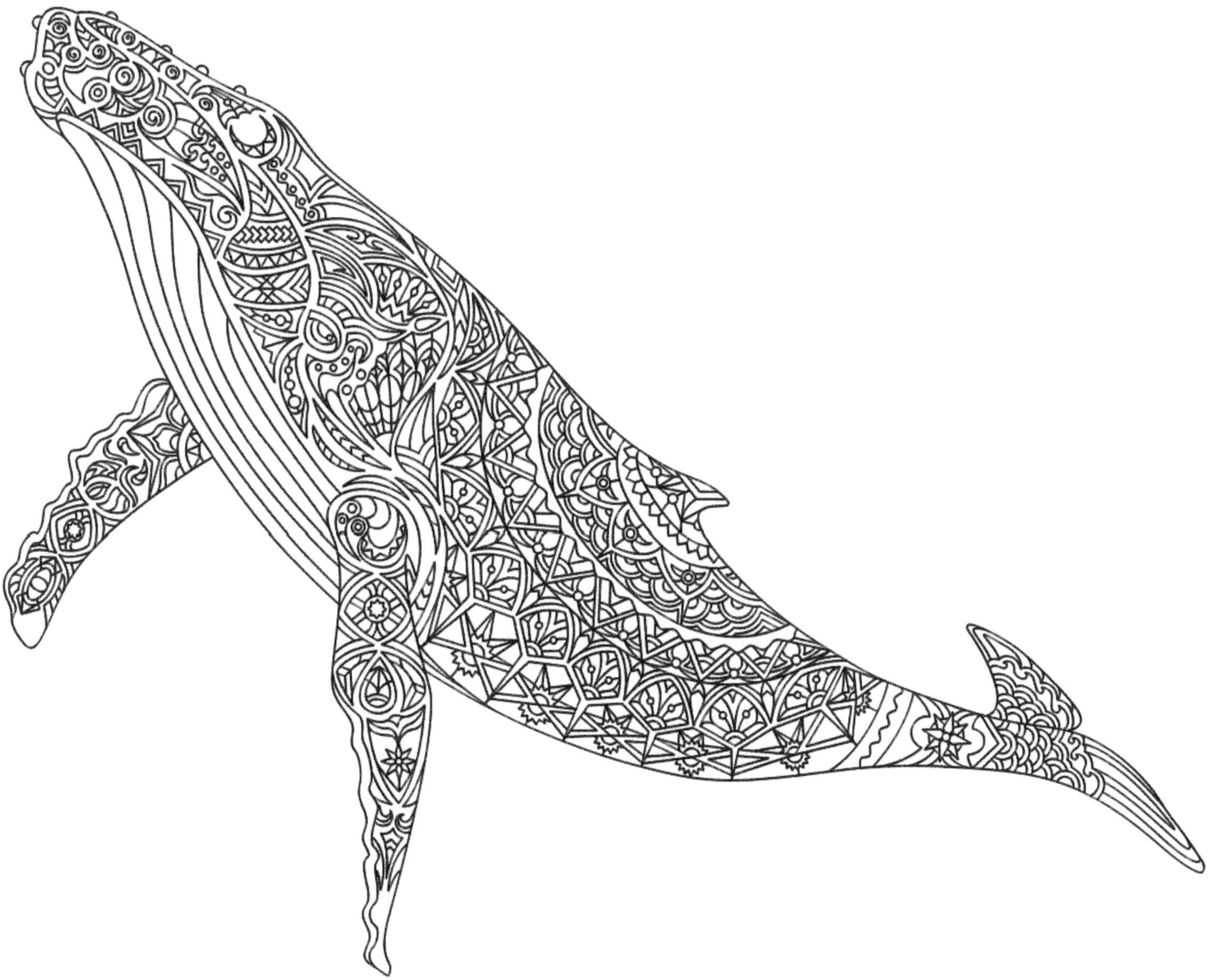

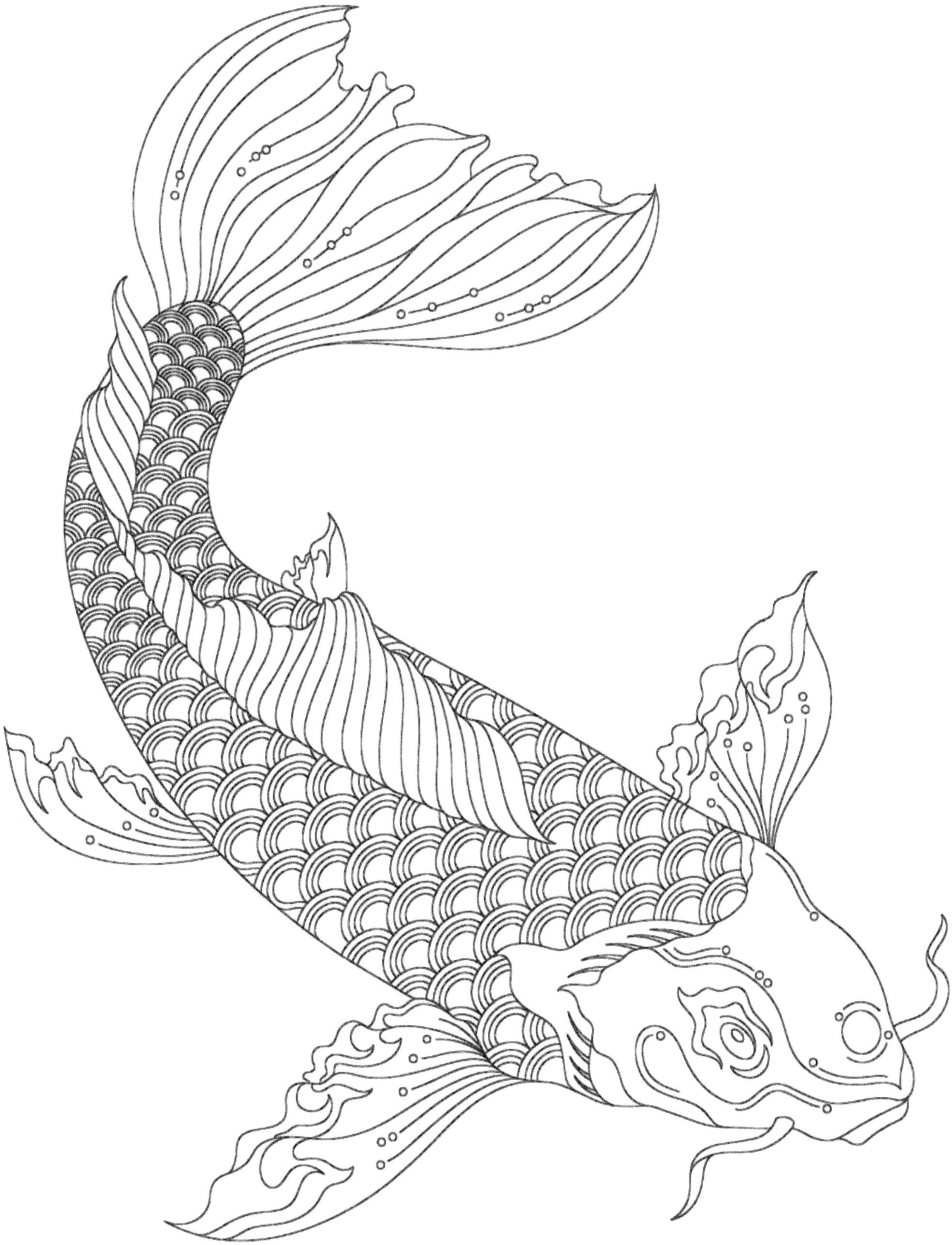

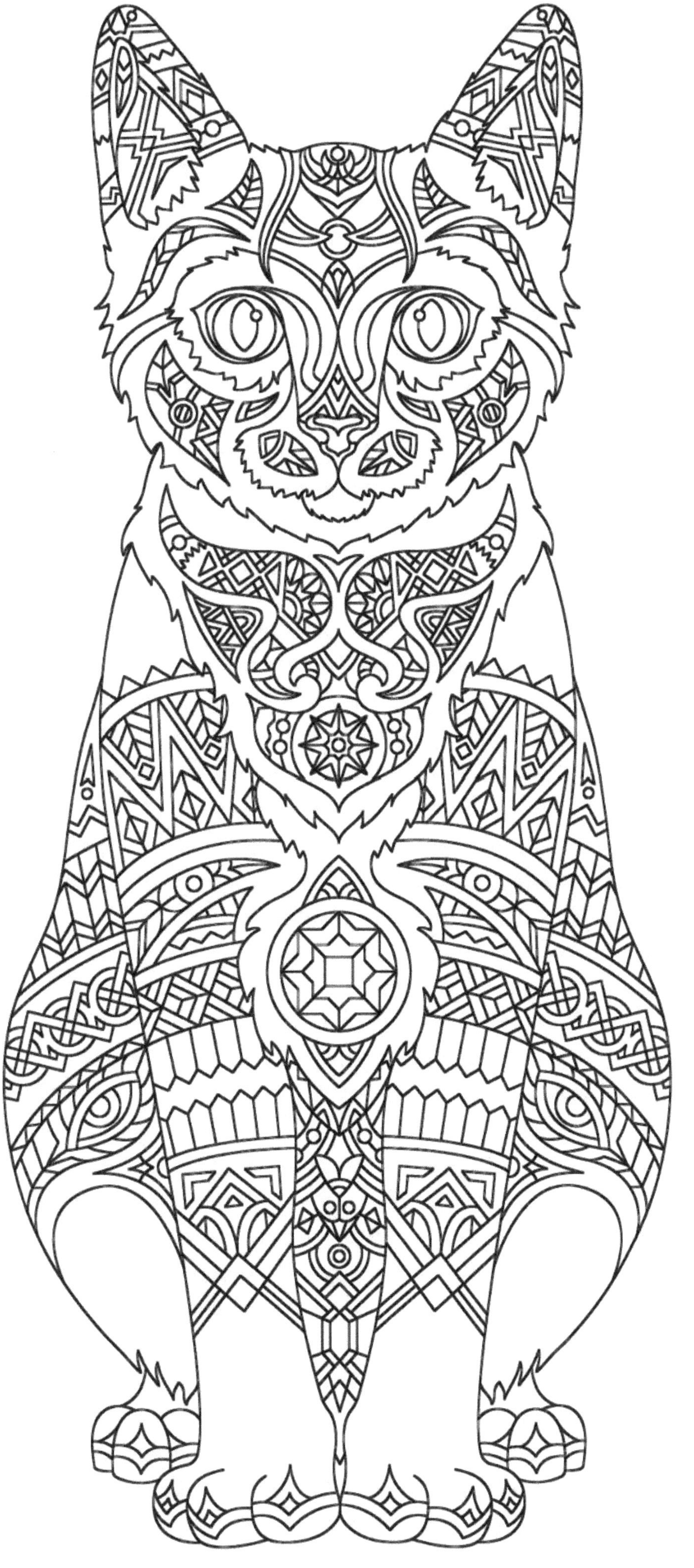

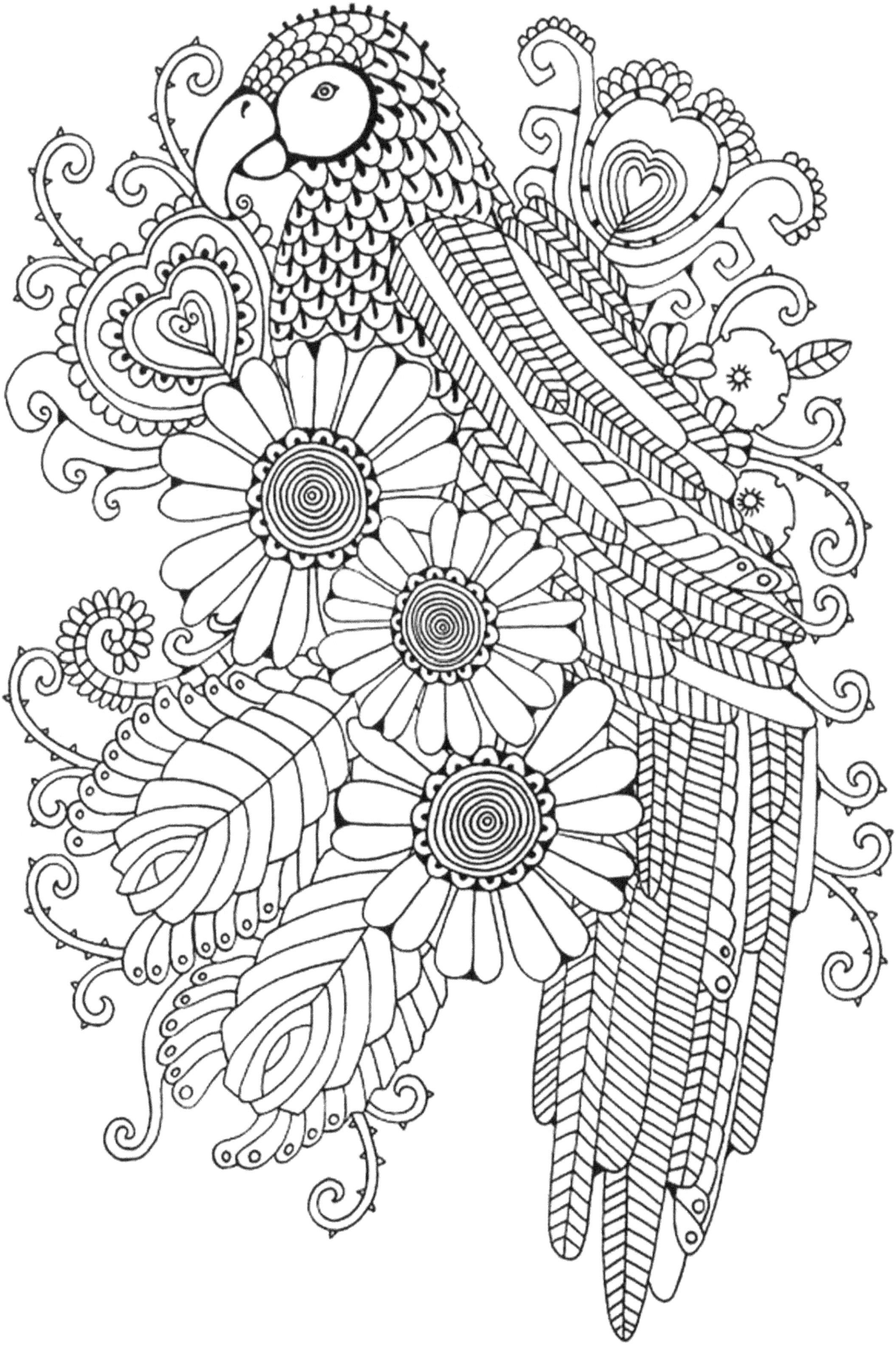

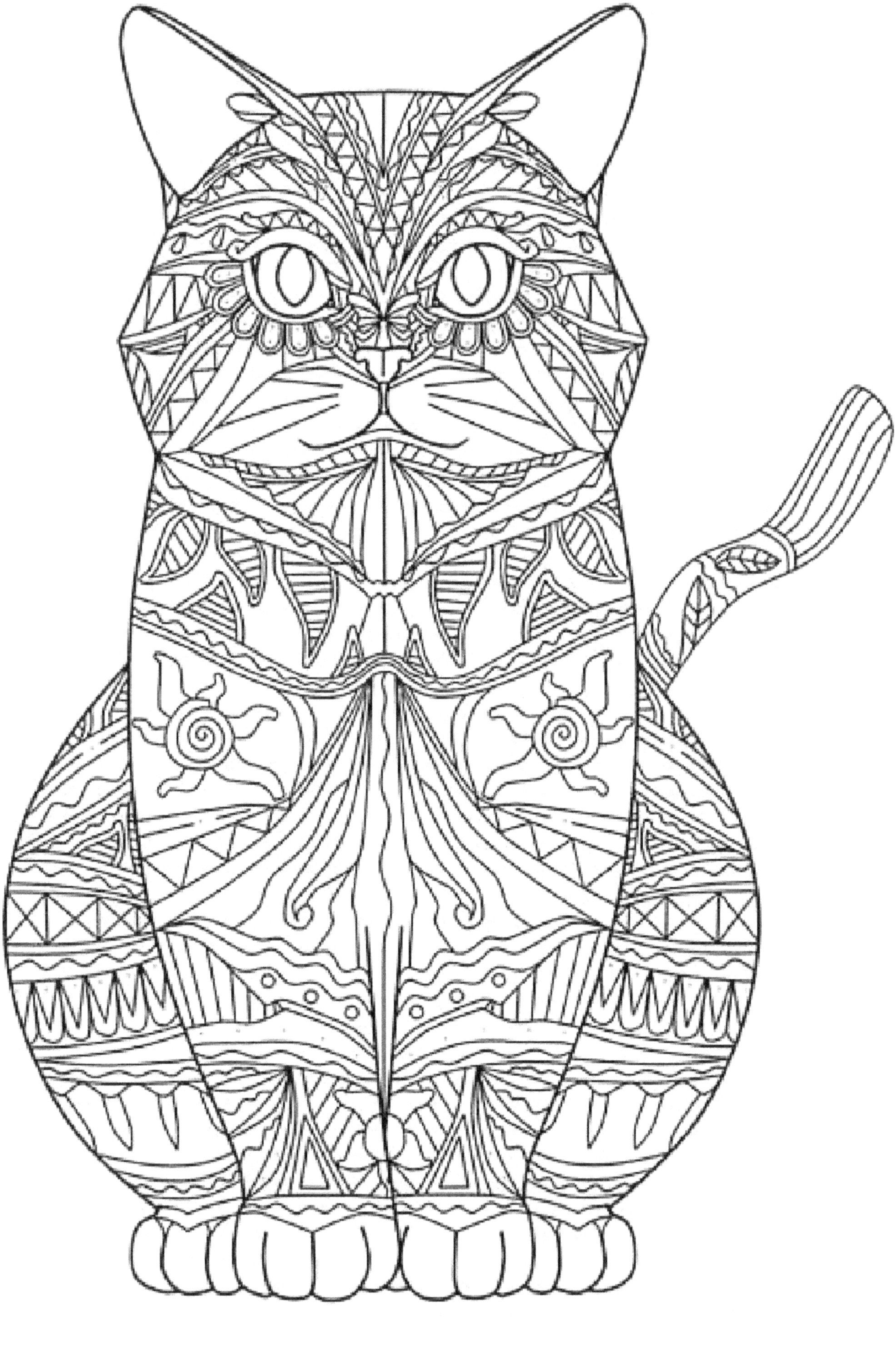

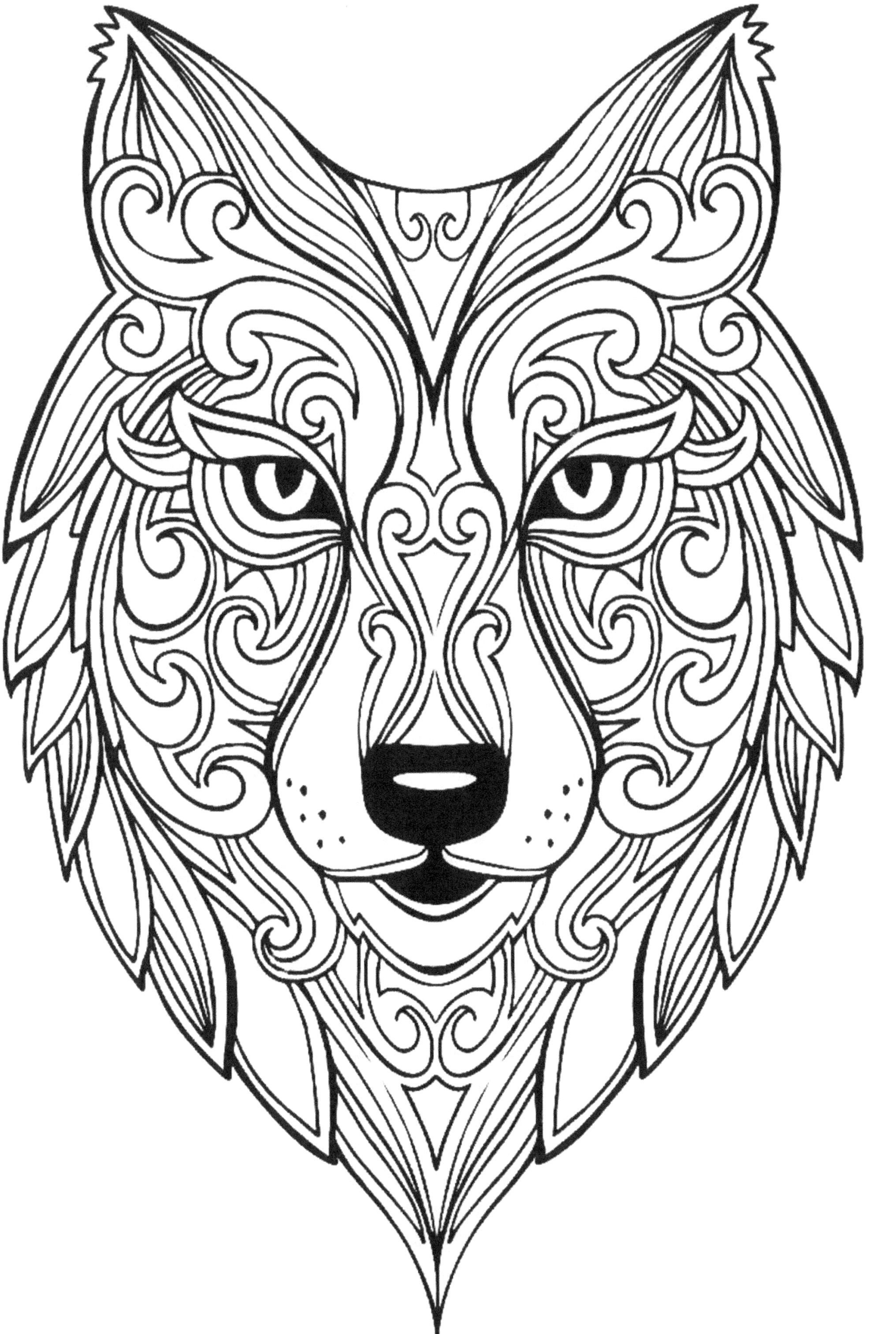

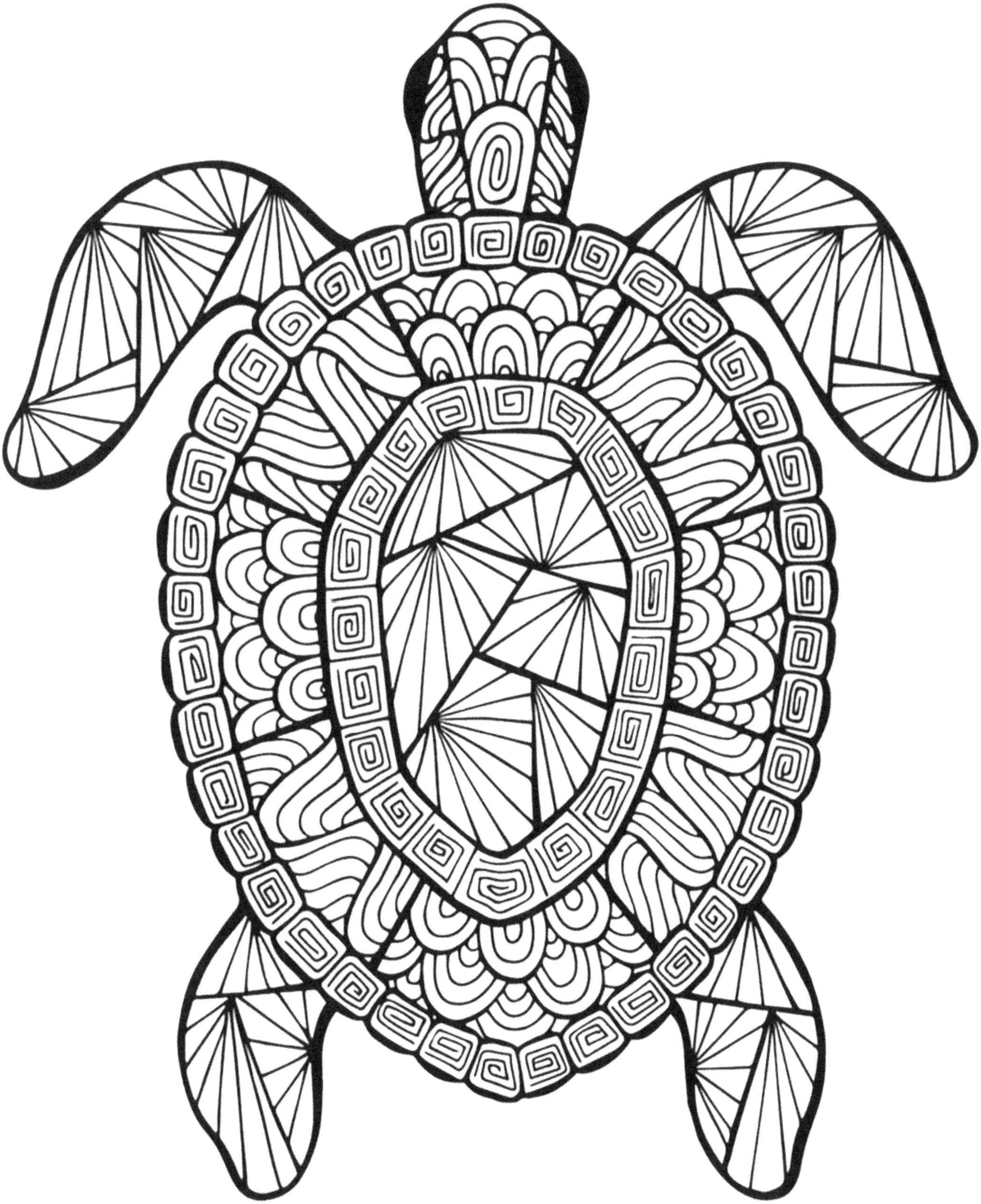

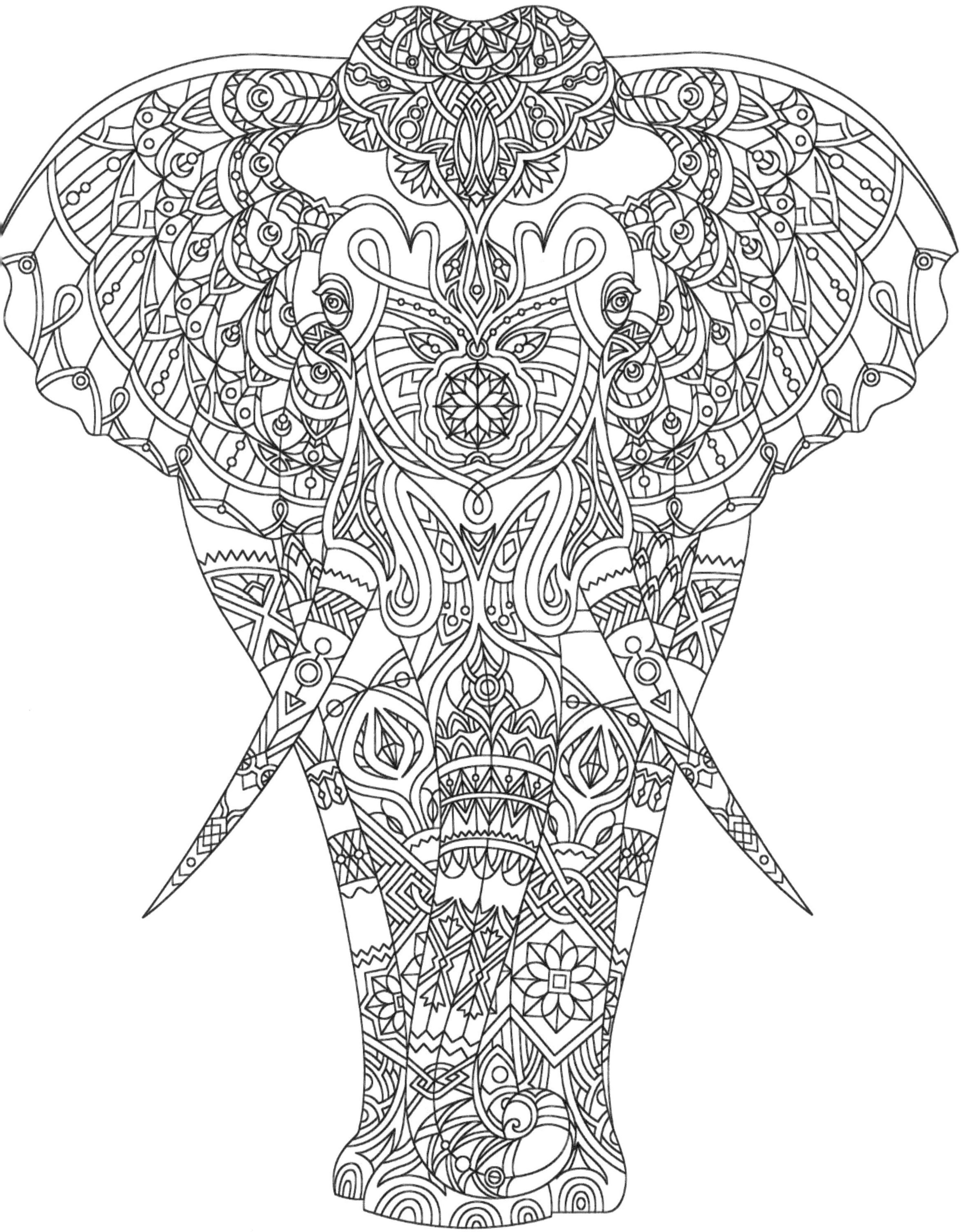

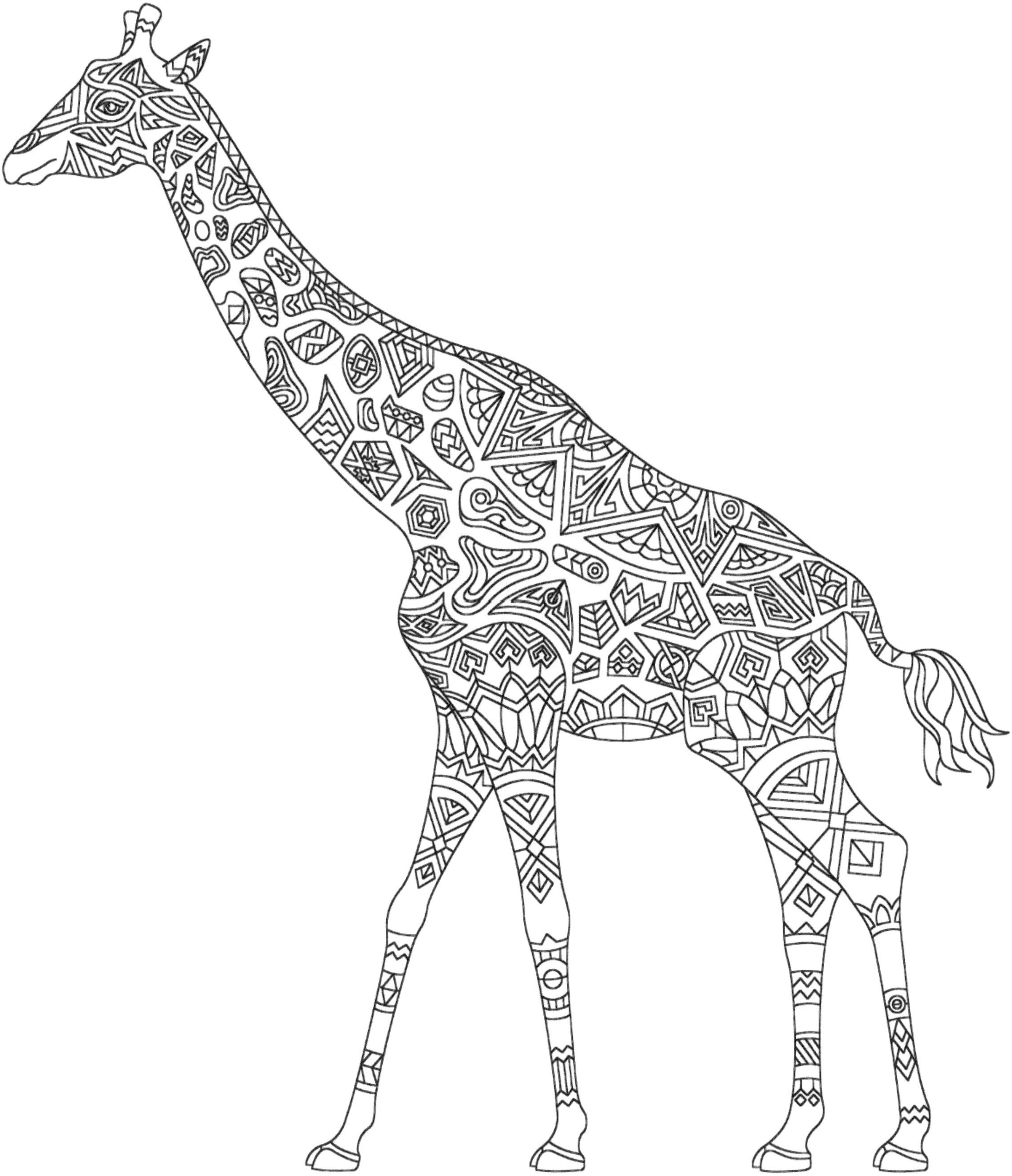

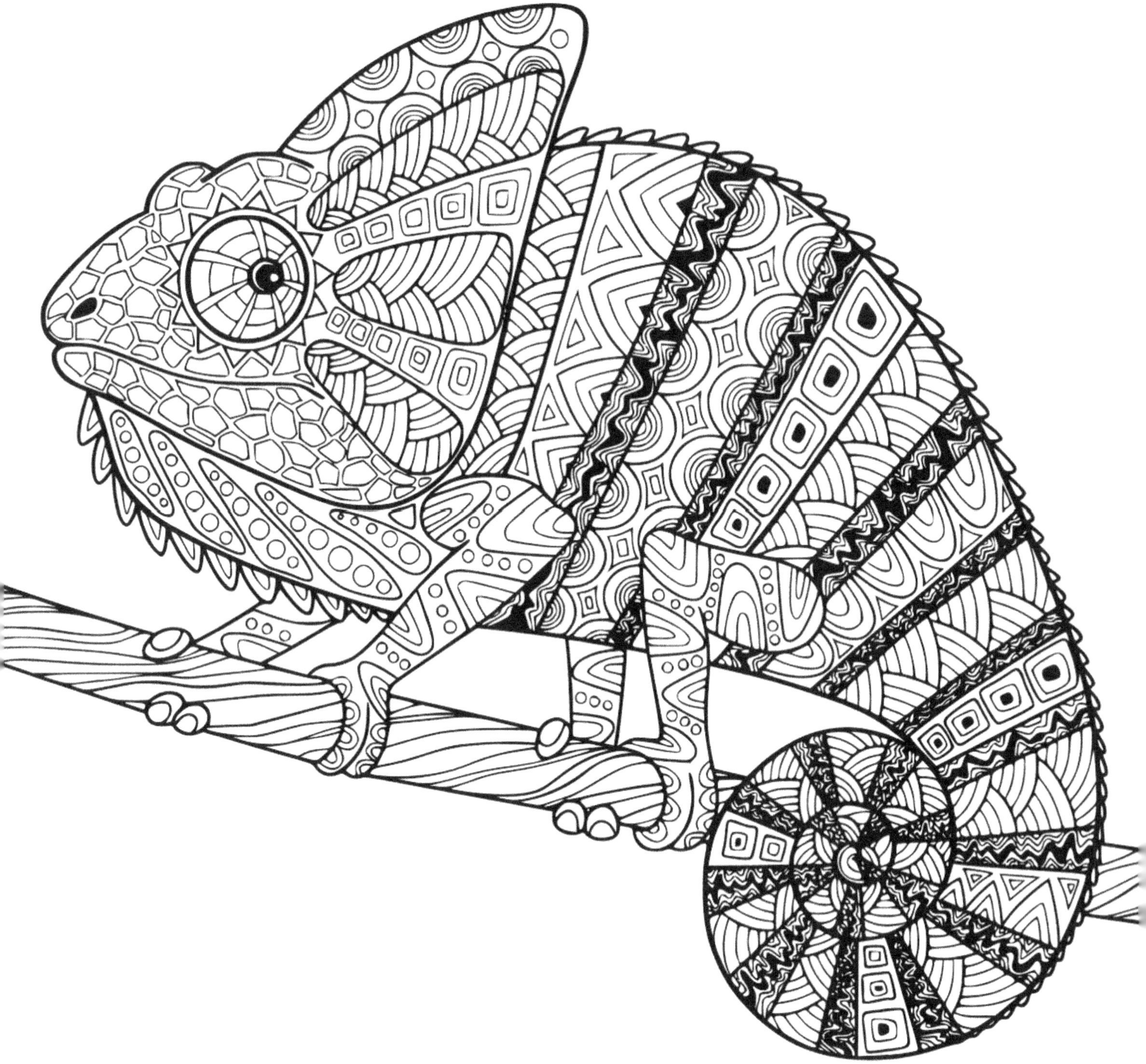

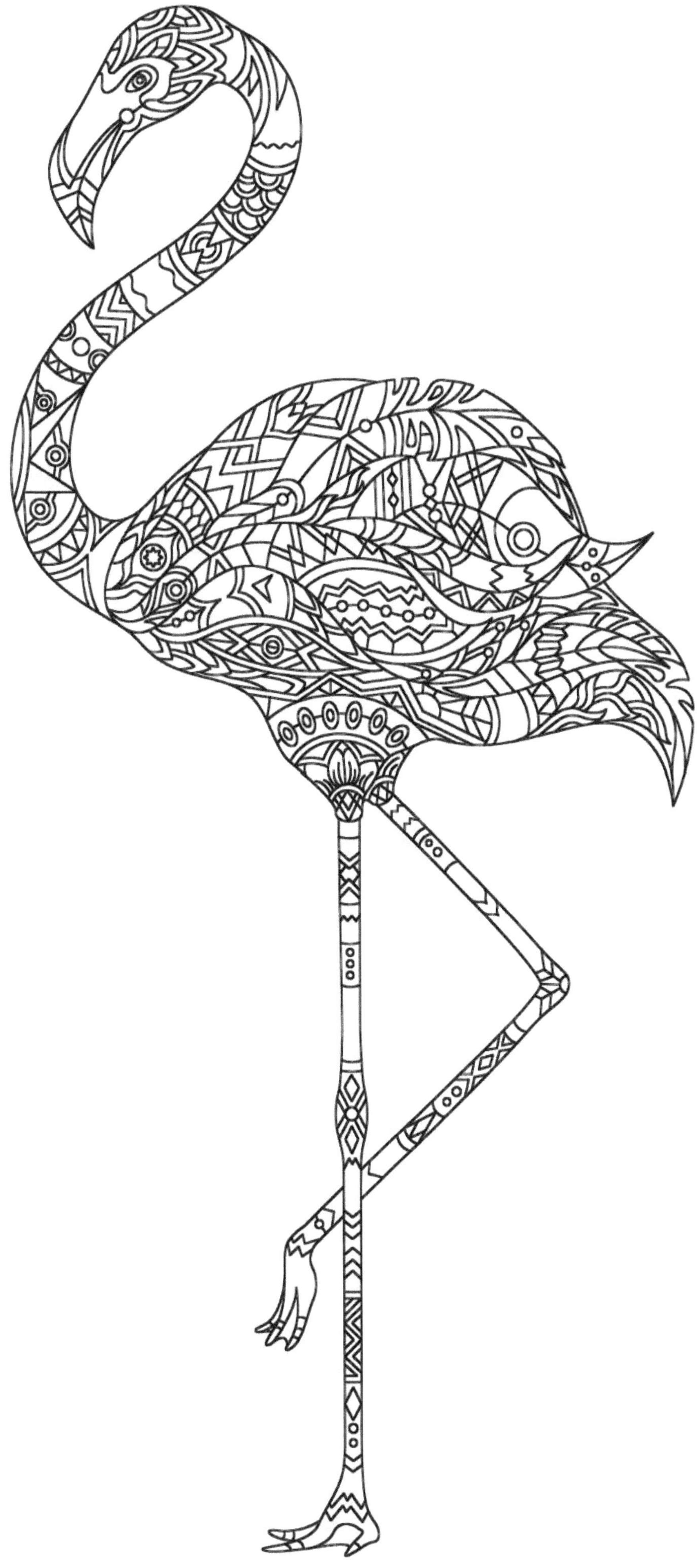

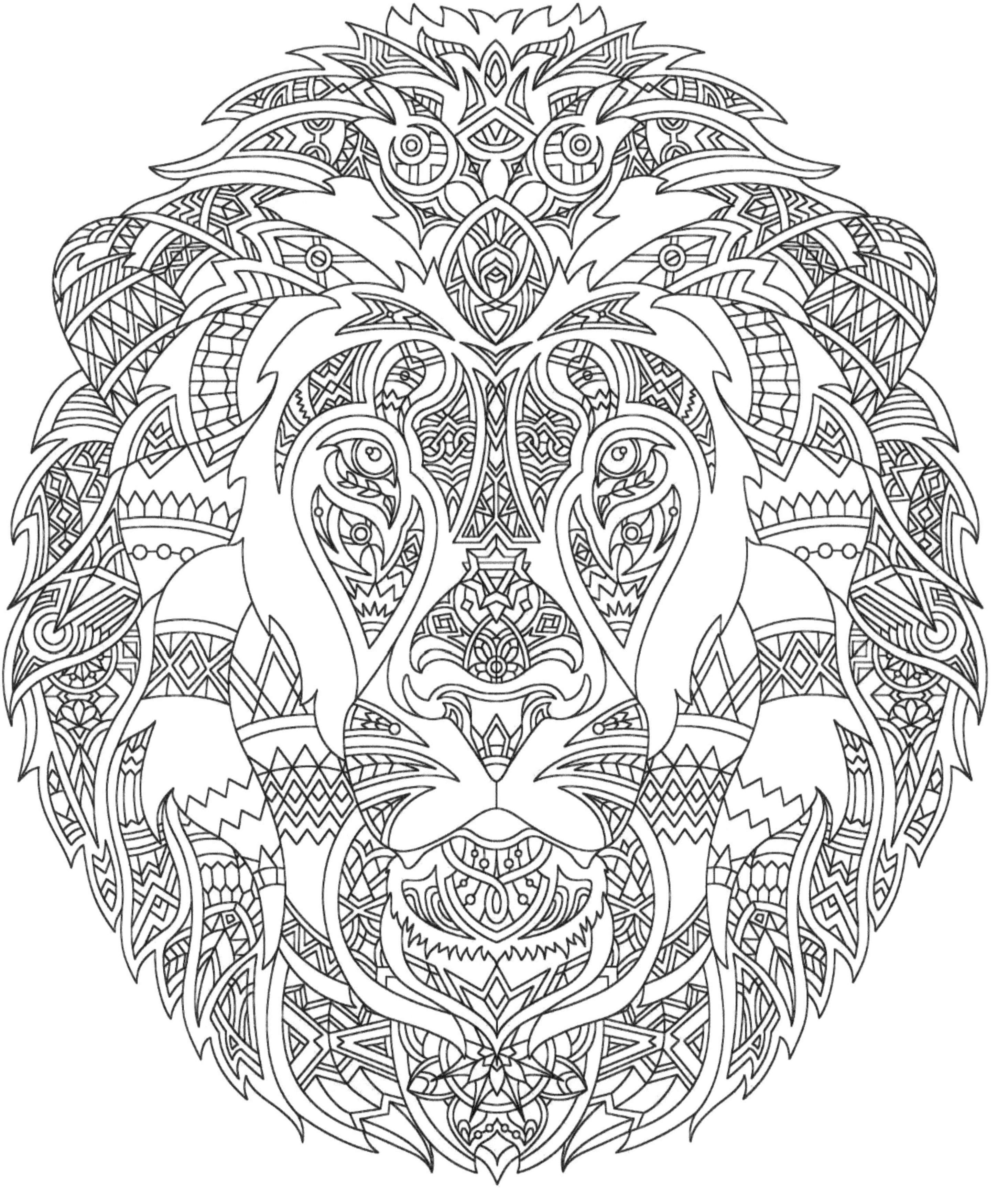

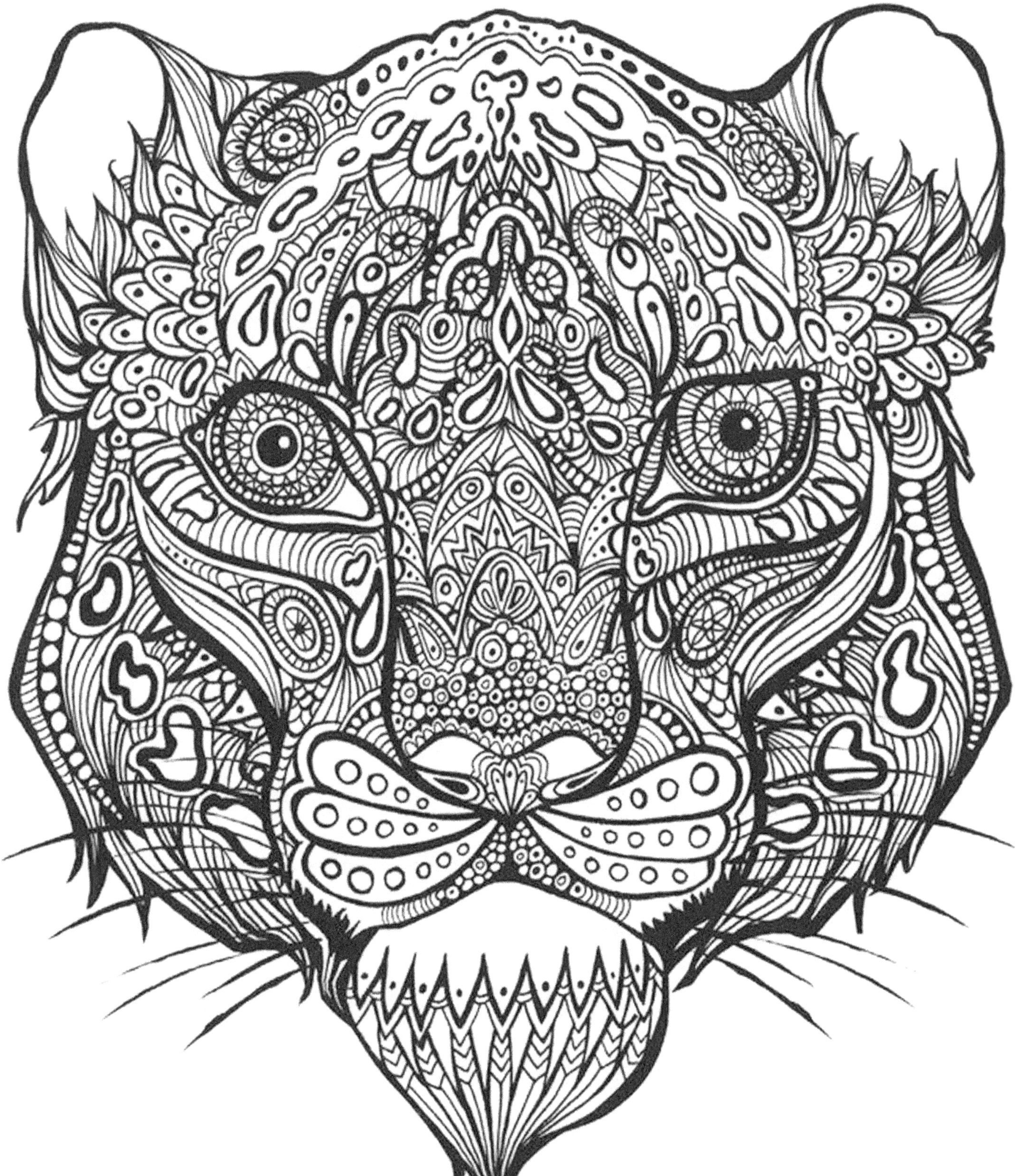

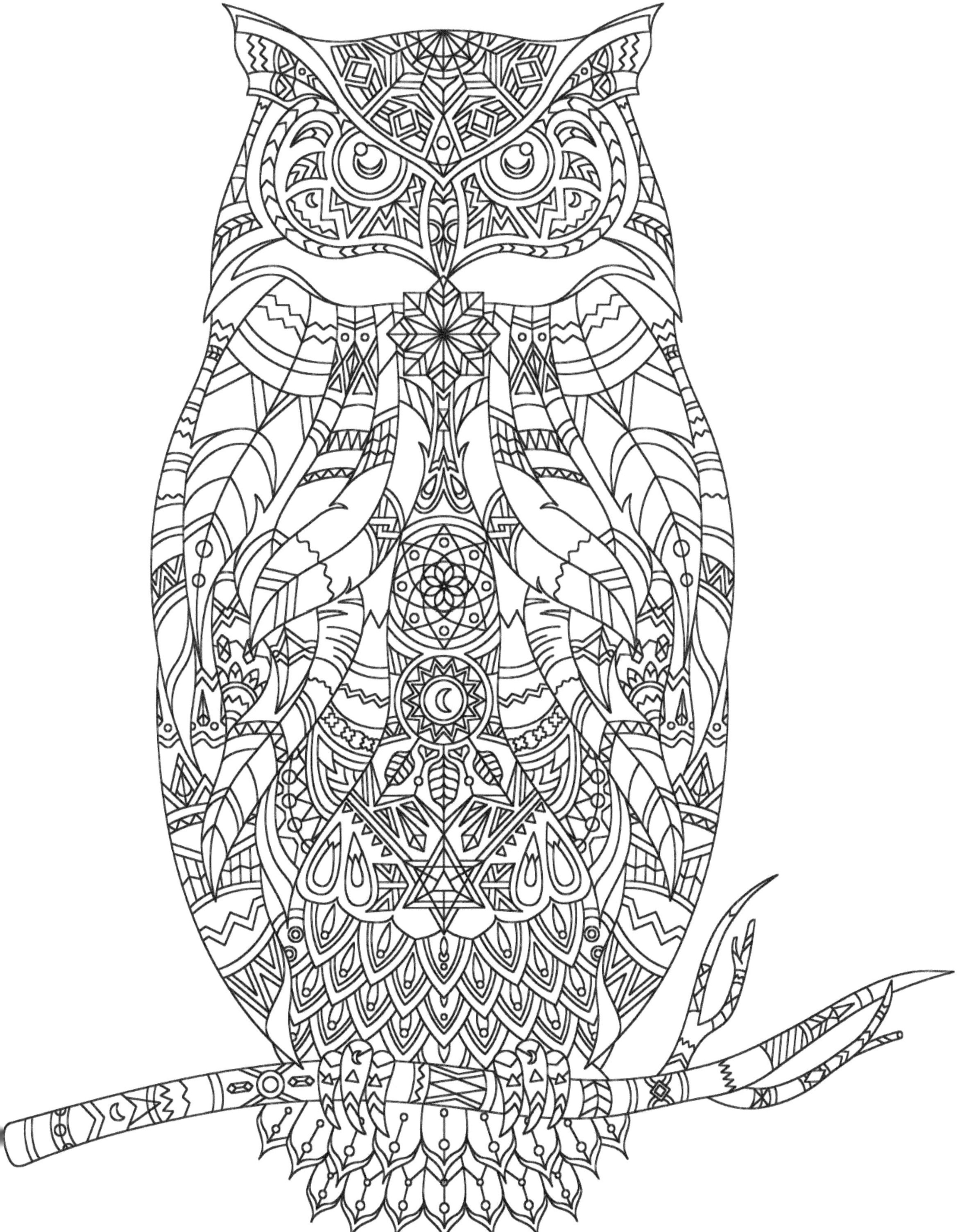

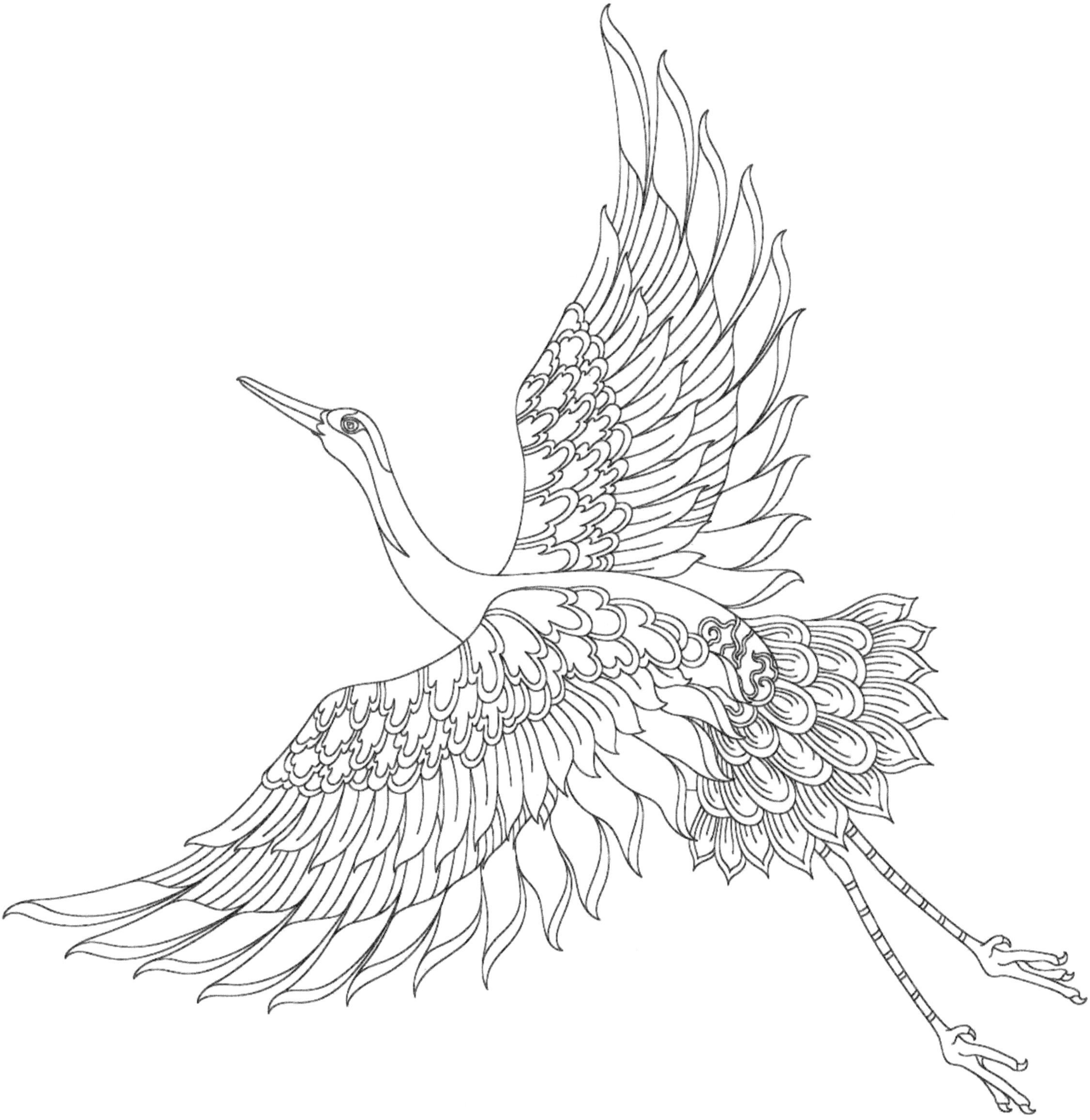

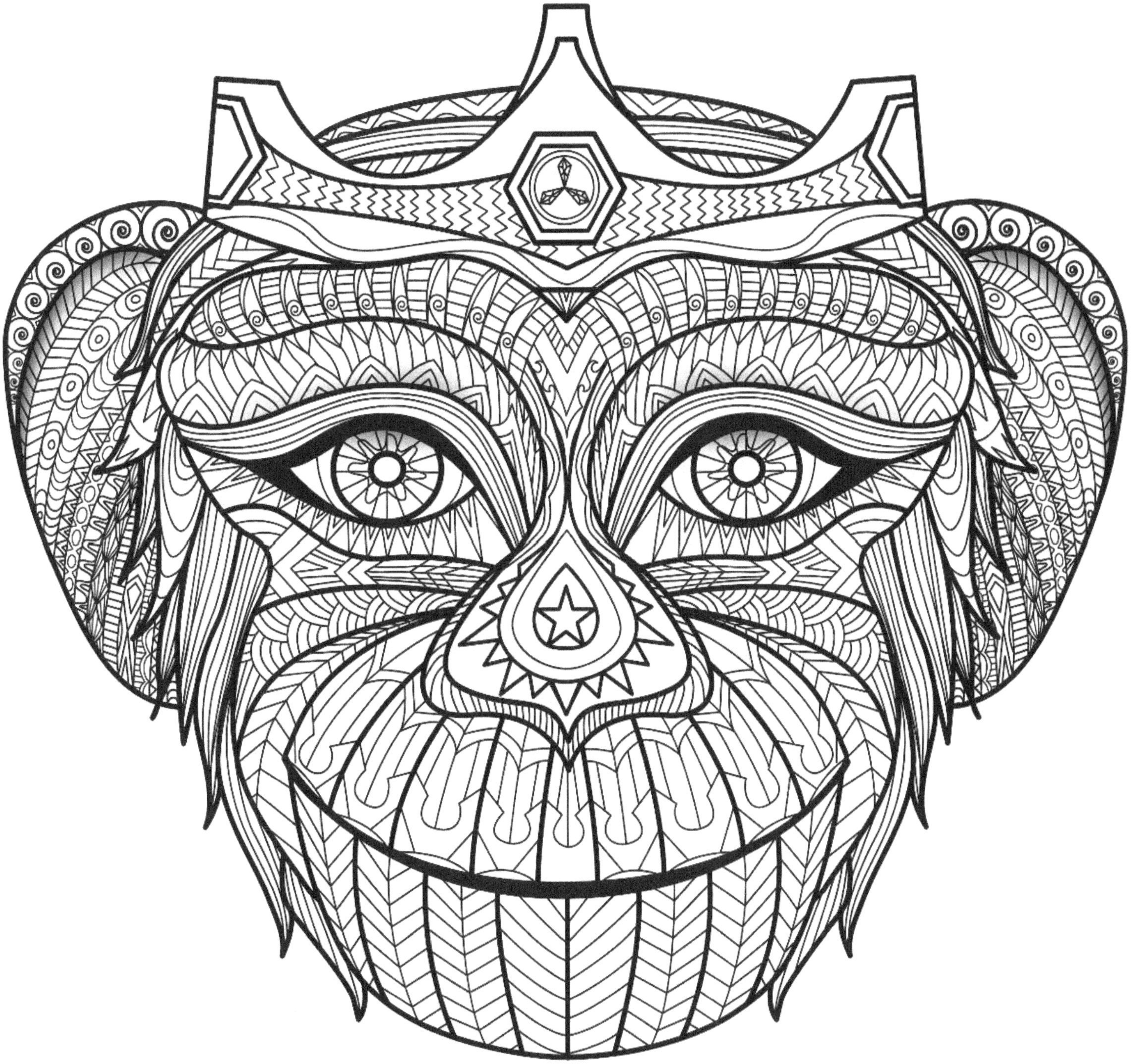

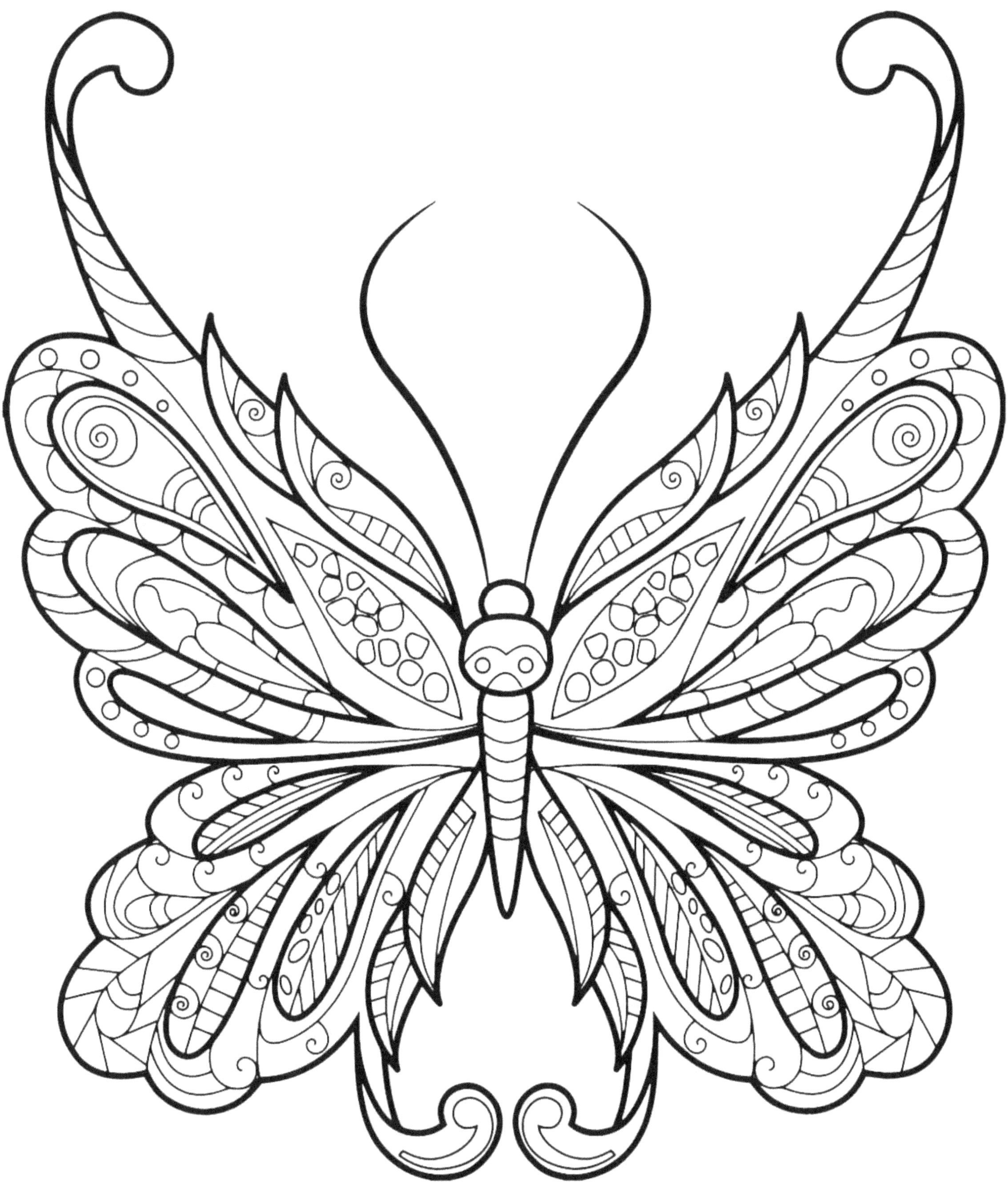

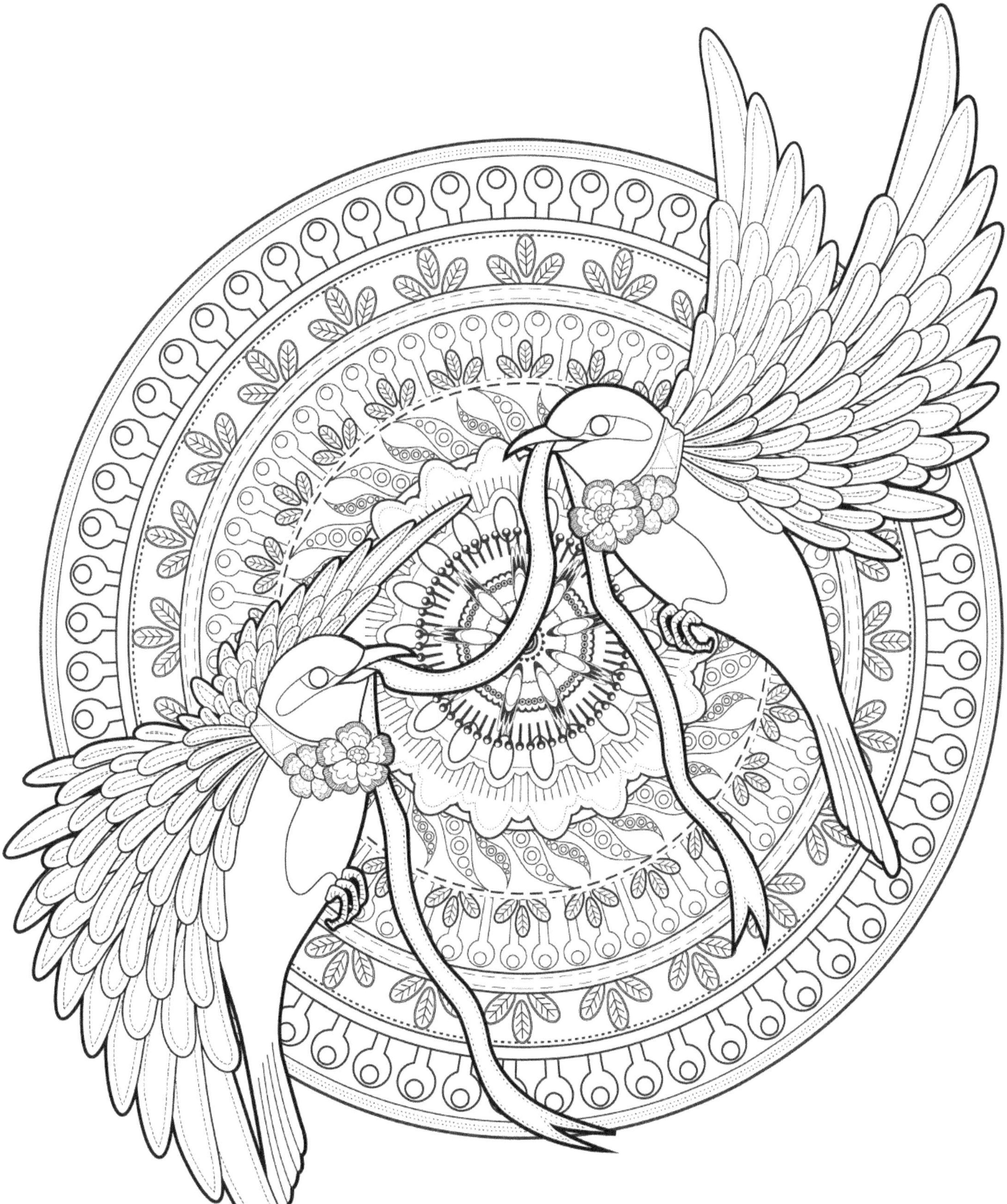

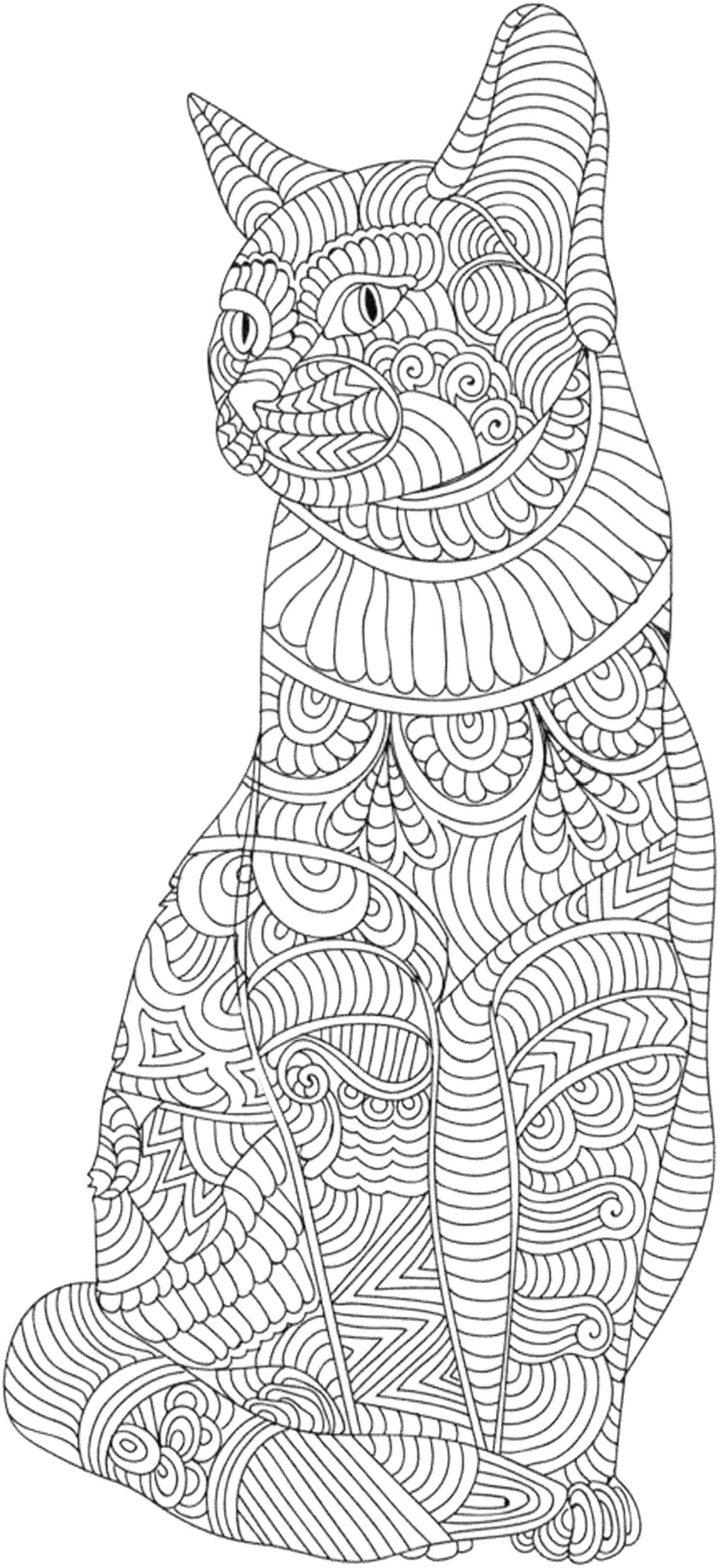

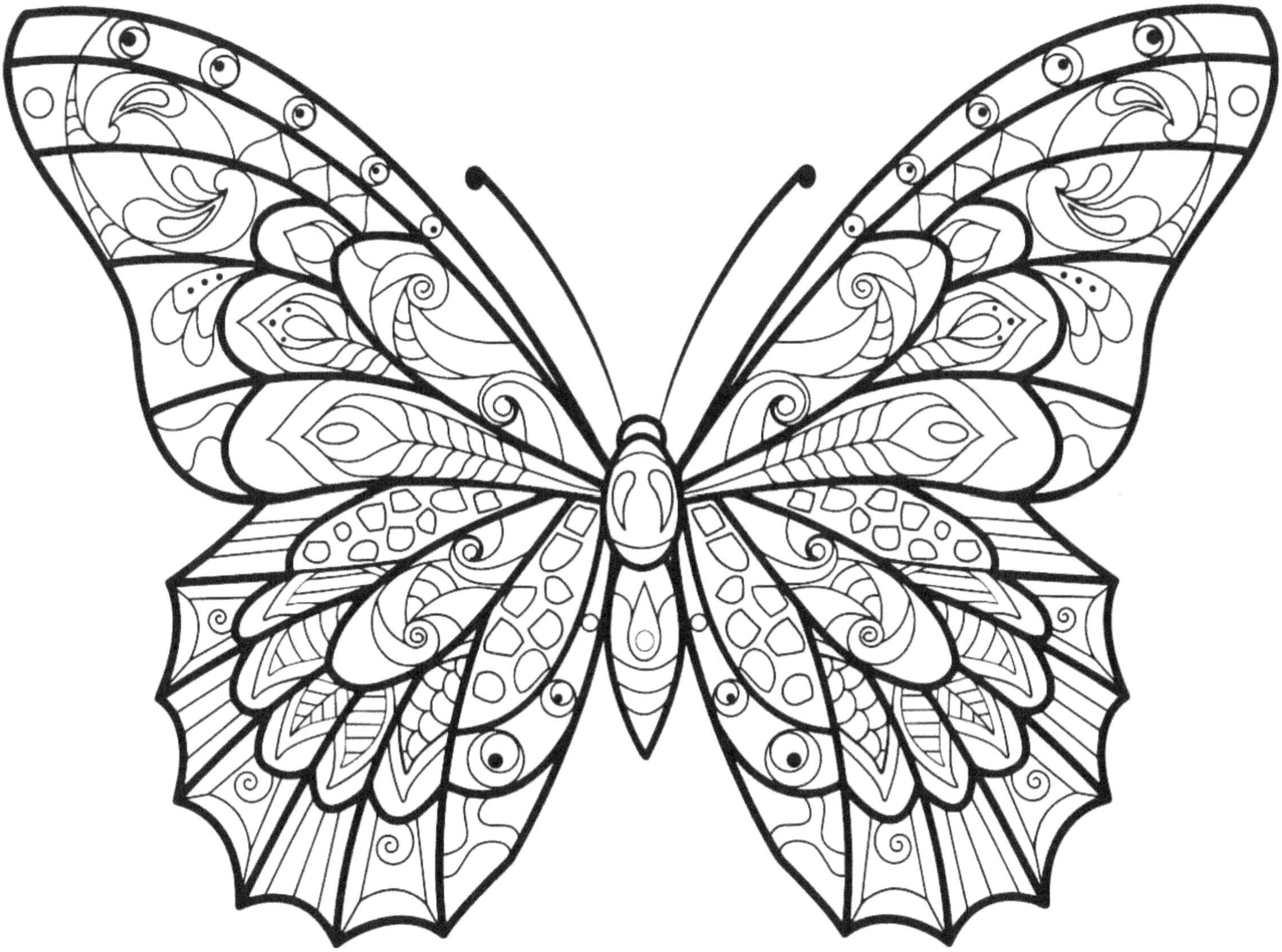

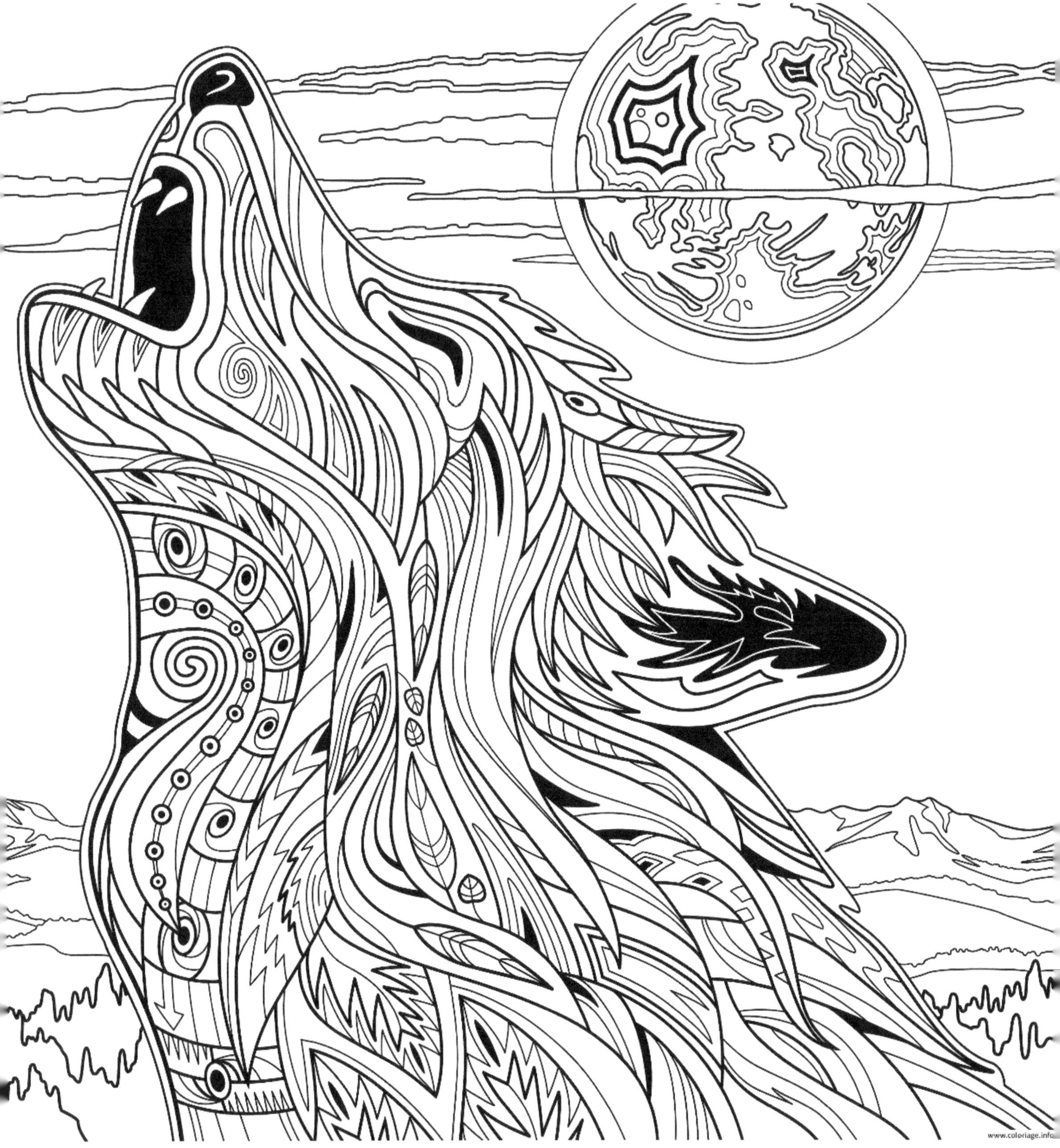

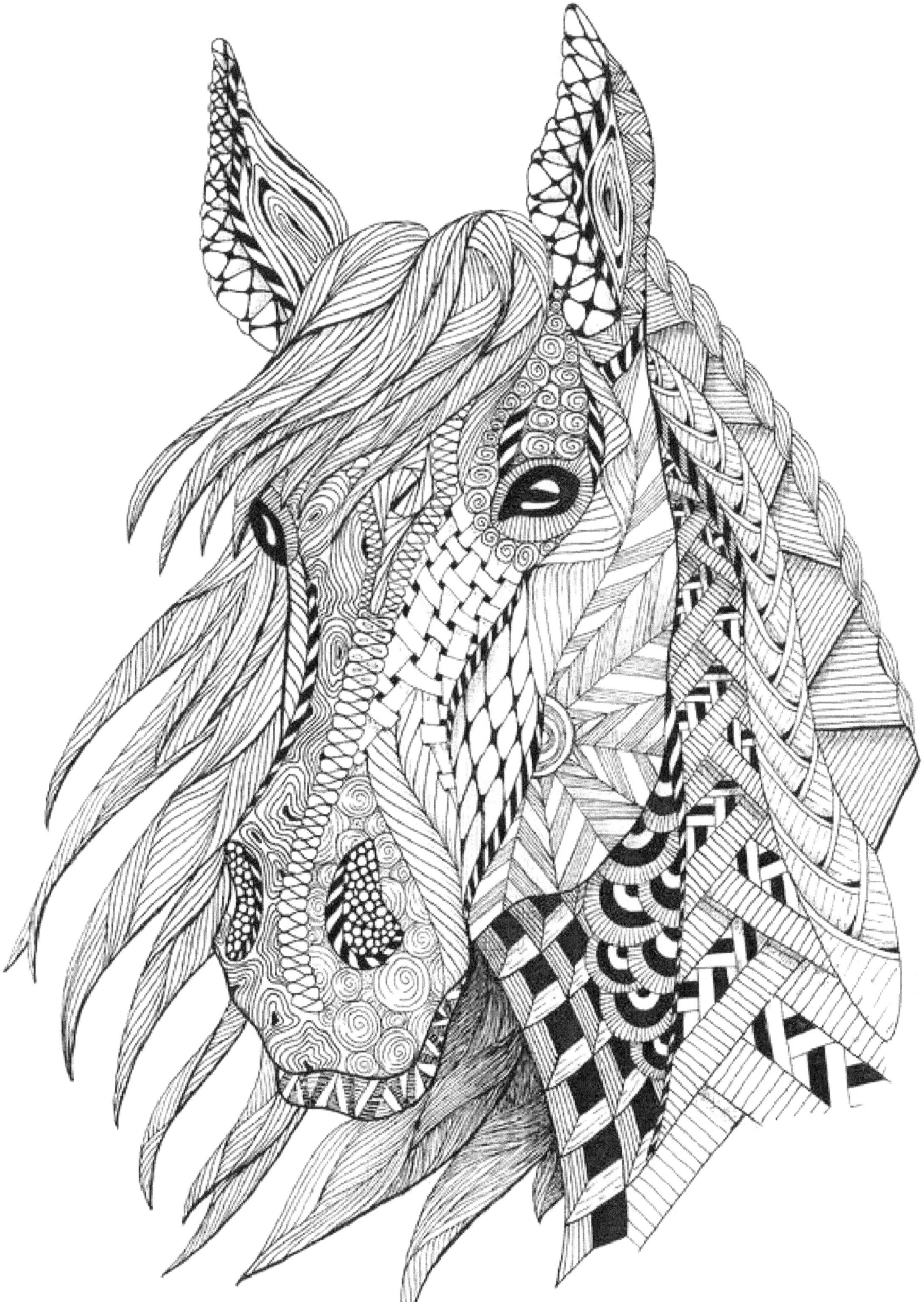

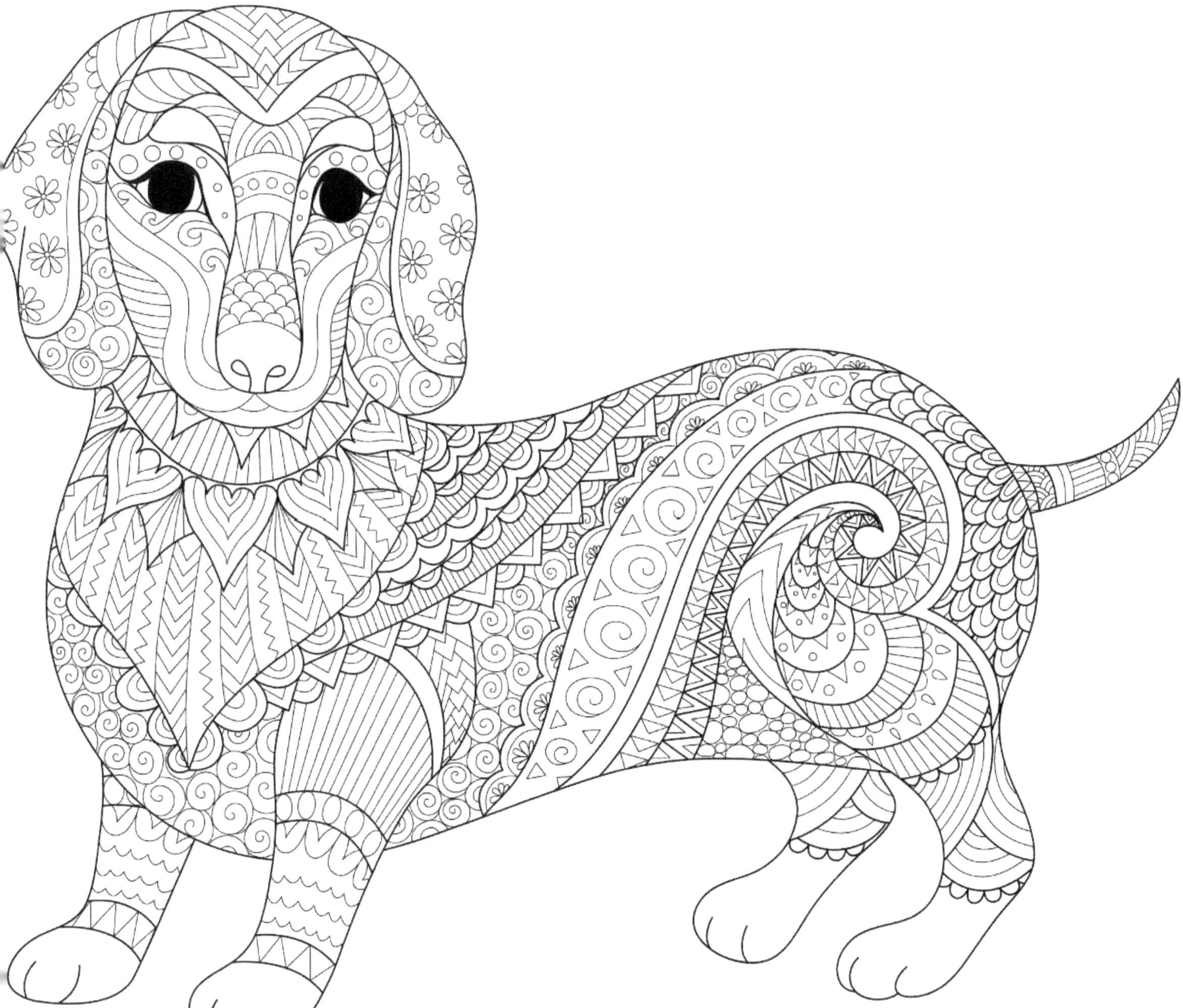

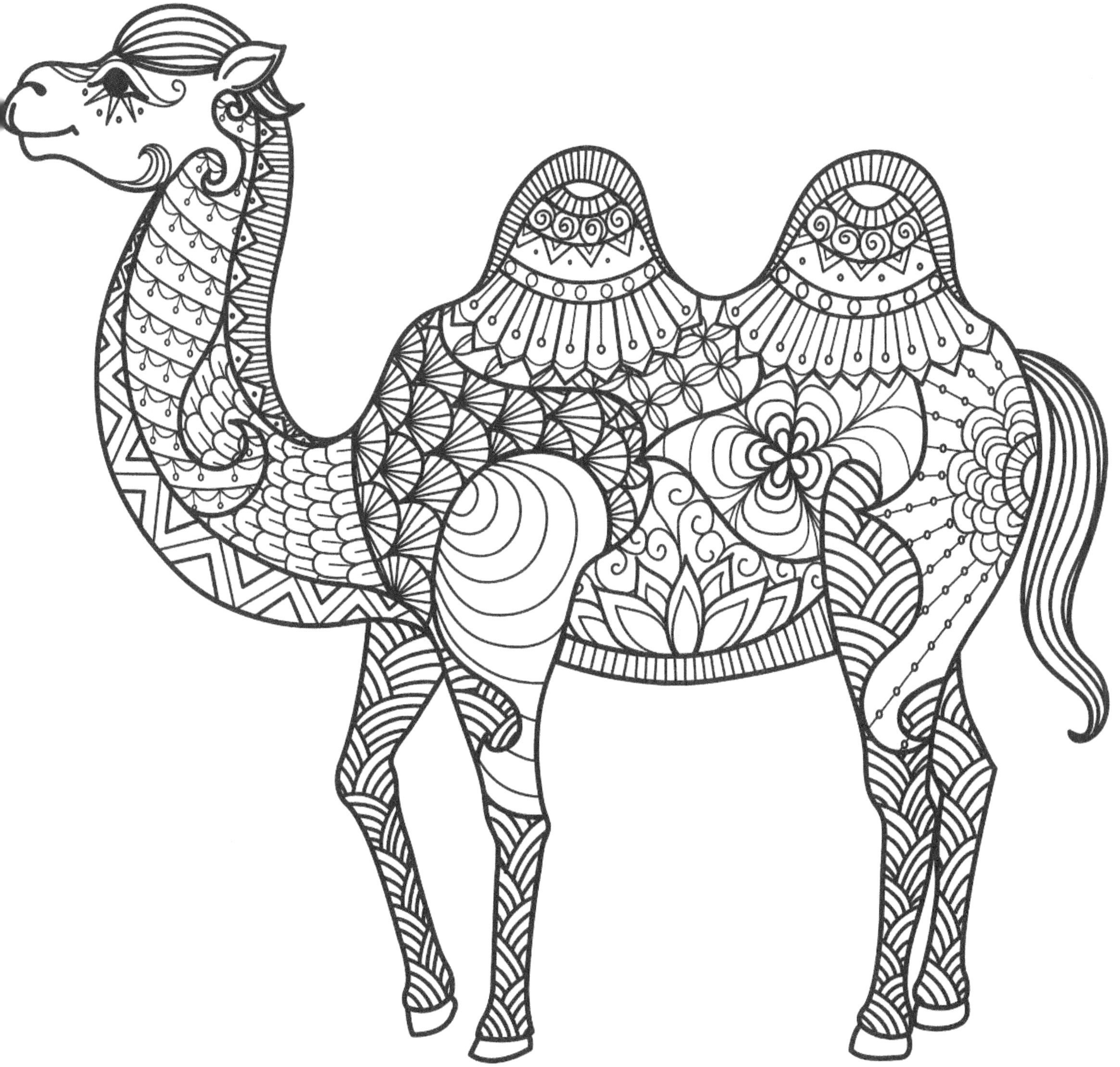

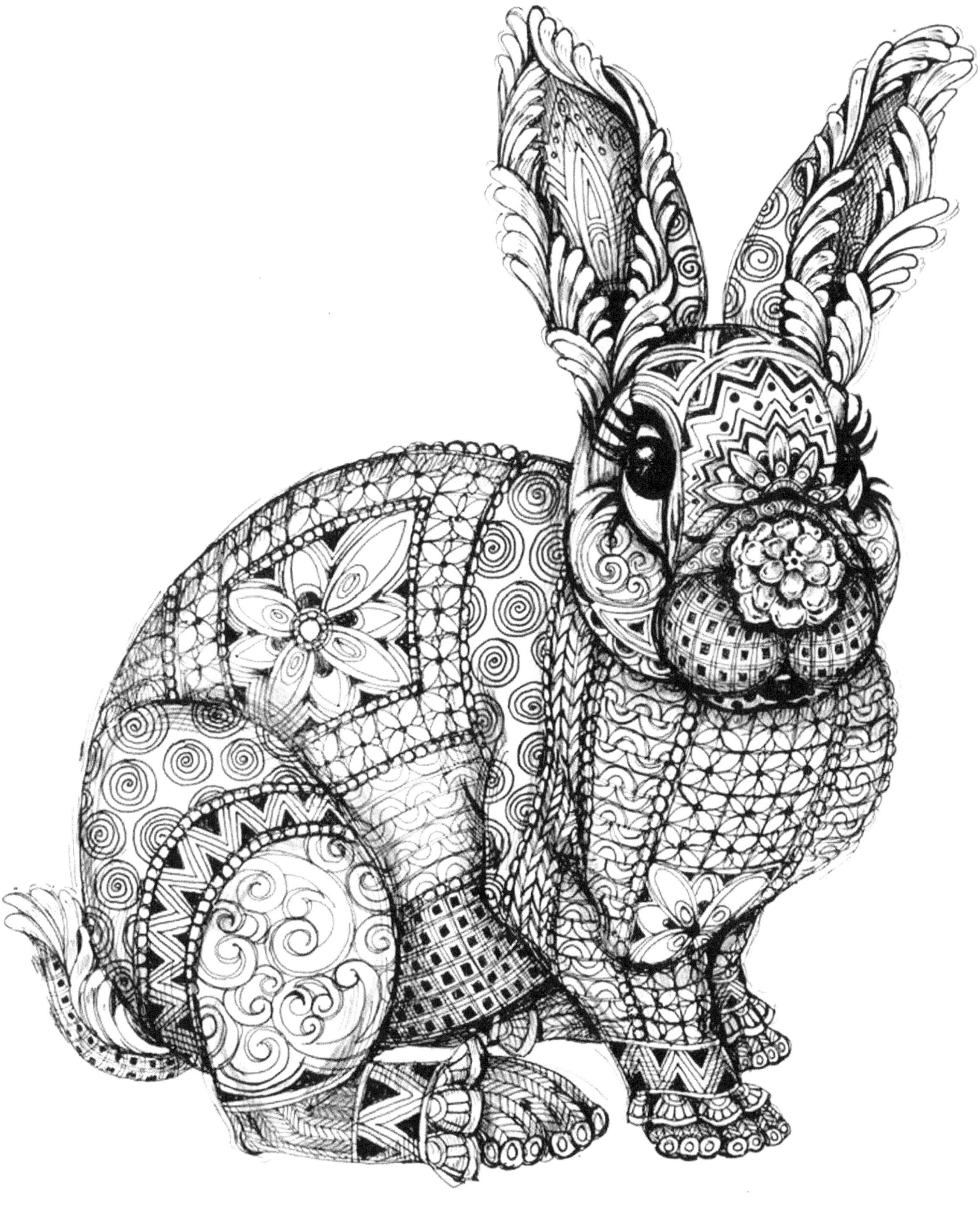

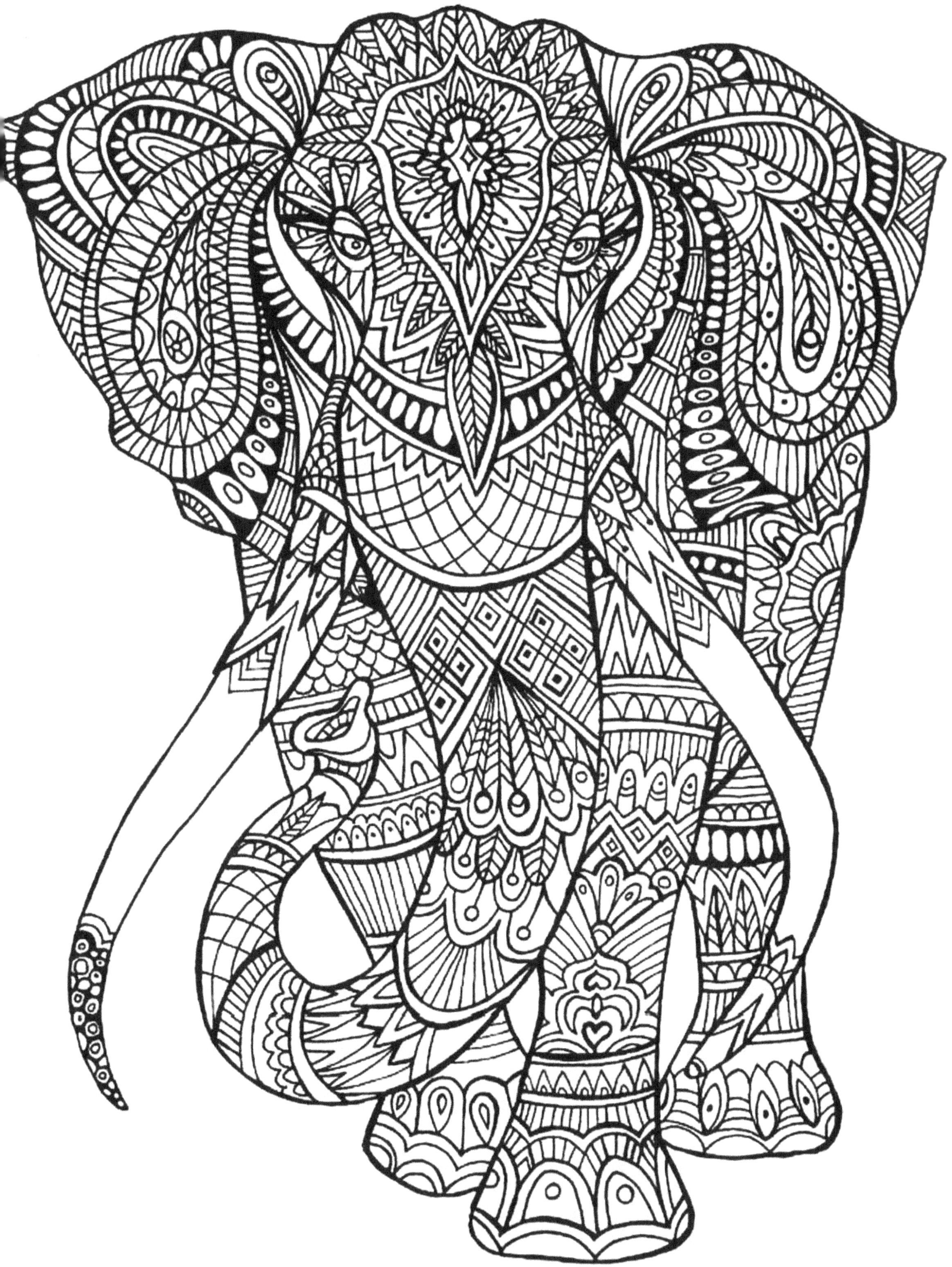

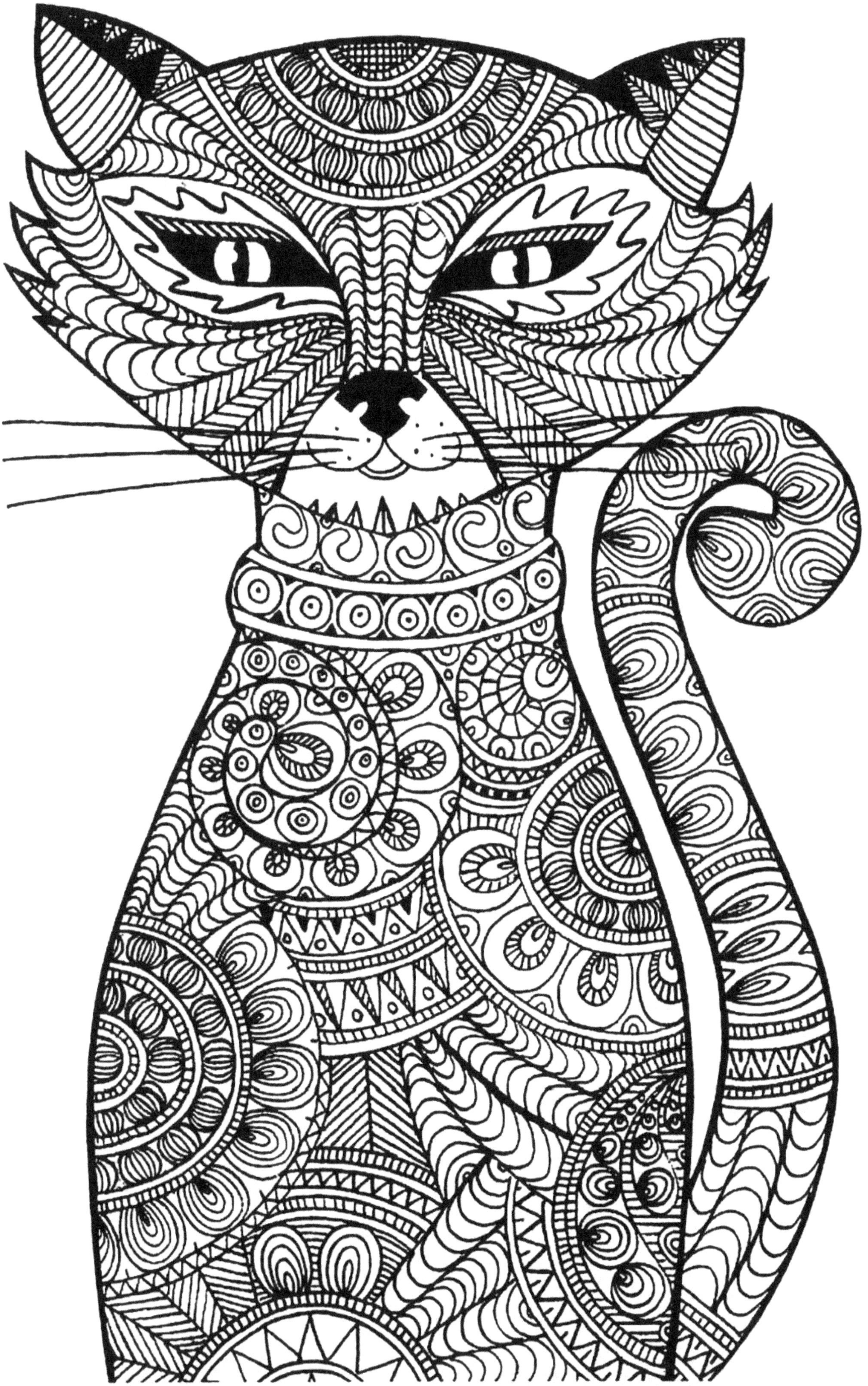

www.ingramcontent.com/pod-product-compliance
Lightning Source LLC
Chambersburg PA
CBHW080518220526
45465CB00006B/2520
* 9 7 9 8 6 6 8 9 4 8 2 4 6 *